民族体育校本教程

——包的运动

付晓洁　主编

北京体育大学出版社

图书在版编目（CIP）数据

　　民族体育校本教程. 包的运动 / 付晓洁主编. —— 北
京：北京体育大学出版社, 2015.12
　　ISBN 978-7-5644-2183-0

　　Ⅰ. ①民… Ⅱ. ①付… Ⅲ. ①民族形式体育 – 中国 –
小学 – 教材 Ⅳ. ①G624.81

　　中国版本图书馆CIP数据核字(2016)第009952号

民族体育校本教程——包的运动　　　　付晓洁　主编

策划编辑：秦德斌　　　　责任编辑：秦德斌
审稿编辑：苏丽敏　　　　责任校对：成昱臻
版式设计：华泰联合

出　　版: 北京体育大学出版社
地　　址: 北京市海淀区中关村北大街信息路48号
邮　　编: 100084
电　　话: 010-62989432　62989438

印　　刷: 北京天宇万达印刷有限公司
开　　本: 787×1092 mm　1/16
成品尺寸: 185×260 mm
印　　张: 11
字　　数: 200千字
版　　次: 2016 年 5 月第 1 版第 1 次印刷
定　　价: 60.00元

编 委 会

北京第二外国语学院附属中学瑞祥民族小学部

二外附中瑞祥民族小学部

校　训

勤学　多思　善行

序

　　《中共中央国务院关于深化教育改革全面推进素质教育的决定》指出："健康体魄是青少年为祖国和人民服务的基本前提，是中华民族旺盛生命力的体现。学校教育要树立健康第一指导思想，切实加强体育工作。"

　　习近平总书记指出："引导广大青少年继续弘扬奥林匹克精神，积极参与体育健身运动。""我们每个人的梦想、体育强国梦都与中国梦紧密相连。"而"体育强国梦"正是习近平总书记对中国体育事业的要求，也是对青少年一代"体育强国梦"的期待。

　　体育游戏是青少年儿童生活中的重要内容，是儿童主要的社会活动方式。民族传统体育中的游戏项目作为一种民族文化形式，是我国民族文化的重要组成部分，她融体能和智力开发于一身，集民族性、教育性、实践性、趣味性、娱乐性和健身性为一体，深受少年儿童的喜爱。

　　北京第二外国语学院附属中学瑞祥民族小学部在1—6年级学生中广泛开展《包的运动》，而且结合不同年级学生的身体特点，创新了包的不同的玩法，确立了不同的等级标准。又将包的运动按活动分为了走、跑、跳跃、投掷、球、技巧、对抗、游戏、舞蹈等9大类别，运动内容凸显了基础性、选择性、实践性及运动方法的多样性，重视了激发学生的运动兴趣，引导学生掌握体育与健康基础知识。孩子们在包的运动中，通过顶、击、跑、夹、抛、护、喊等多种感官与机体的运动，发展身体各部分的力量，增强了学生的体能，培养了学生坚强的意志品质、合作精神和交往能力，进行了遵守规则、遵守纪律、勇敢顽强、自信拼搏，以及爱祖国、爱民族、爱集体等良好的品德教育，为学生终身参加体育锻炼打下基础，促进学生健康、全面发展。

2011 版国家《体育与健康》课程标准中指出："我国是一个多民族国家，民族体育文化源远流长，体育与健康课程应当大力开发和利用宝贵的民族、民间传统体育资源。"民族体育游戏"包的运动"的开发，正是在新课程改革背景下，在贯彻落实"健康第一"指导思想的过程中，我校积极开展的民族民间传统体育游戏项目的一种实践探索。

《民族体育校本教程——包的运动》一书的出版，将进一步推动我校民族体育的深入、全面的开展，也为促进学生与自我的和谐、与社会的和谐、与自然的和谐发展，为实现培养具有中国情怀、国际视野的现代学子奠定坚实的基础。

付晓洁

北京第二外国语学院附属中学

2016 年 1 月

写给二外附中瑞祥民族小学部

由教育部、国家体育总局、共青团三部委启动的"全国亿万青少年学生阳光体育运动"是新时期加强青少年体育、增强少儿体质的战略举措。这举措给全国学校体育教育的发展指明了方向。

体育是悦动的音符，体育是舞动的旋律，二外附中瑞祥民族小学部抓住良机，广泛宣传，营造校园体育锻炼氛围，创造适合学生自主成长体验的环境。于2011年应邀请参加了由中国电视师范学院开发与制作的音像教材——《开展阳光体育运动——落实中小学每天锻炼一小时》，二外附中瑞祥民族小学部开发的"包的运动"项目，是"十二五"国家重点出版规划选题。在北京教育学院体育与艺术学院陈雁飞院长的总策划下，由中央广播电视大学音像出版社出版发行。二外附中瑞祥民族小学部为全国中小学广泛开展阳光体育，吸引学生走向操场、走进大自然，走到阳光下，让学生快乐健康成长做出了贡献。

包的运动是根据城乡中小学学校学生实际，按年级分项用师生同制的包，展开学练走、跑、跳、投、踢、对抗等练习，有一定的身体、心理和社会的教育价值。包的器材起源于早期生活在草原，孩童放牧时用石头击打远离畜群的牛羊发展而来。小学生喜欢玩沙包，携带方便，用同色或多色裁缝成各种大小不同重量不等的沙包，既经济又安全。在教师指导下，学练投得远、投得准，学生也可以玩自己喜欢自己创编的游戏。这不只是一种生活劳动模拟与再现技巧技能的练习，更是唤起蓝天、远山、草原的热爱和永久美好的记忆，唤起"天人合一"人的全面发展，人与自然全面和谐的无限遐想。

作为各朝阳区中小学体育教师培训和教学研究的老教研员，再次应邀走进二外附中瑞祥民族小学部，担任民族体育校本课程开发总策划设计深感荣幸，这是责任更是激励。在付晓洁校长的统领下，与教师、班主任、团员干部、学生代表同在阳光下，同在操场上，同研讨，从理论层面到实践层面沟通交流、合作，是运动场上的无穷魅力，激发参与热情，这是一个集体行动研究的结果，我祝愿这本编纂的新书，能为学校推进素质教育，创新学校体育教育，传承民族体育文化，振奋民族自信心和自豪感，增强民族和国家的凝聚力做出新的贡献。更希望能够给孩子带来更多的快乐、阳光、健康。为实现中国梦而努力！

关槐秀
北京教育学院朝阳分院

目 录

一、民族体育教材

"包的运动"

根据学生年龄身心的特征，学校将开发的"包的运动"项目植入校园，植入课堂，植入学生心中，是在新的历史条件下实现民族民间文化的延伸。突出知识性、趣味性、教育性、安全性。其目的是使学生在体力、智力得到和谐发展，并给学生以激情、勇气和力量。从而培养学生热爱祖国，热爱民族，热爱民族民间文化的深厚情意，并从中陶冶情操，开拓视野，展现生活的理想和美好的憧憬。

民族体育校本教材
水平一至水平三教学内容

序号	类别	水平一	水平二	水平三	拓展（创新）
1	走类	顶包走	踢包走	荡包走	曲线走
2	跑类	棍击包跑	2人背夹包侧跑	2人传踢跑	障碍跑
3	跳跃类	夹包跳格	棍夹包跳	跳流星	触吊包
4	投掷类	击包入门	穿圈包	棍击包	互击空中包
5	球类	抛接球	狩猎球	绫球 拽包过网球	足球（包） 珍珠球（包）
6	技巧类	骆驼包	海豹包	后滚动夹包入篮	多人抛布包
7	对抗类	顶包	背拉夺包	格吞	角力
8	游戏类	母鸡护蛋 垫包比多 叫号接力	护驾 播种与收获 冲过火力网	打龙尾 智取 截住空中包	机灵的小鼠 垃圾分类 运输队
9	舞蹈类	好娃娃	小山鹰	阿细跳月	大家来跳舞

课堂教学（一）

课堂是实施素质教育的主阵地

走　类

走是人类基本运动形式之一，也是重要的有氧锻炼方式之一。走类练习的锻炼价值是：提高走的技巧，增强腿部力量和心肺功能，发展速度灵敏和协调性，不同的走类练习都具有不同身体、心理和社会教育价值。

水平一：顶包走
水平二：踢包走
水平三：荡包走
拓展项目：曲线走（蛇形走）

顶（托）包走（水平一）

来源与传承

来源于朝鲜族的顶罐，通过头顶运送饮用水或粮食演变而来。

歌 谣

头上顶着小沙包，
两臂侧举平衡保，
头正体直看前方，
走直线，挺直腰。

提示与建议

1. 动作设计体现层次性：第一次头顶沙包沿直线走；第二次头顶沙包两臂侧平举沿直线走。

2. 注意力集中在顶包动作上，应在稳的基础上加快走速。

3. 顶包走的要点是：幅度小，频率快，走得直，重心起伏小，上体正直，头正颈直，眼向前看，身体正直，保持身体的平衡与稳定。

4. 动作方法：将人数分成相等的若干队，再将各队分为甲乙两组，分别站在端线上，各队甲组排头手持一个沙包，听到信号后，将沙包放在头顶上，两臂侧平举，正直向前走，到对面端线处把包交给本队乙组的排头，依次进行，先走完全程的队获胜。

安全小贴士

按规定的路线（直线、曲线、跨越障碍）走，保持身体正直。

作 业

顶包（衣服、盘子、水平等）走 10 米、15 米、20 米。

踢包走 （水平二）

来源于学生的天性，孩子总是喜欢边走边踢着包状物或者空水瓶。

歌 谣

两人一组快快跑，
一个铁环两人套，
看准沙包齐用力，
齐心合力争第一。

提示与建议

1. 外侧手将铁环或呼啦圈托于腰间。

2. 两名同学的里侧脚同时踢包。

3. 方法：首先两人一组，用一个铁环或者呼啦圈套于两人腰部，两人并排站立，外侧手拖住铁环或呼啦圈，里侧手拉手，将一根系有沙包的绳子缠绕于两人的手上，边走边踢。

安全小贴士

走动时，同肩同步。

作 业

每天边走边踢 50 米左右的路程 （空水瓶装少量沙子）。

荡包走 （水平三）

从足球的荡球发展而来。

歌 谣

小小手儿肩上搭，
一二一二齐出发。
走得稳来步子齐，
先到终点才算赢。

提示与建议

1. 学生 5 人一组，后面的人左手放在前面的人的肩上，所有人两脚之间各放一个沙包，从起点出发绕过前方设置的障碍，速度最快到达终点的获胜。

2. 后面的人也可以右手放在前面同学的肩上。

3. 障碍间的远度可每组进行调整。

安全小贴士

后面的人将手轻轻搭在前面同学的肩上，不得抓捏前面同学。

作 业

每天边走边荡踢 50 米左右的路程 （空水瓶装少量沙子）。

曲线顶（托）包走（拓展练习）

来源于朝鲜族的顶罐，通过头顶运送饮用水或粮食演变而来，有躲避障碍、过小河、绕小树等多种曲线走法。

童 谣

小小沙包头上顶，
两臂侧举保平衡，
头正体直躲障碍，
不紧不慢必完成。

提示与建议

1. 设计体现层次性：第一次头顶沙包沿直线走；第二次头顶沙包两臂稍侧平，举手托沙包沿曲线走。

2. 注意力集中在顶包动作上，应在稳的基础上加快走速。

3. 顶包走的要点是：幅度小，频率快，走得直，绕障碍时不要急，重心起伏小，上体正直，头正颈直，眼向前看。身体正直，保持身体的平衡与稳定。

4. 方法：将人数分成相等的若干队，再将各队分为甲乙两组，分别站在端线上，各队甲组排头手持一个沙包，听到信号后，将沙包放在头顶上，两臂侧平举，正直向前走，到对面端线处把包交给本队乙组的排头，依次进行，先走完全程的队获胜。

安全小贴士

按规定的路线（直线、曲线、跨越障碍）走，保持身体正直。

作　业

顶包（衣服、盘子、水平等）走10米、15米、20米。

课堂教学（二）

跑 类

奔跑

是人类基本活动形式之

一。短距离的快跑是重要的身体

有氧锻炼方式，长距离的跑则是锻炼

身体耐力的有效方法。

3 项跑的锻炼价值与教育作用是：学

会跑的正确方法，养成跑的正确姿势，

提高跑的技能，增强腿部力量和心肺功

能；发展速度、耐力和灵敏性；培

养勇敢、顽强、克服困难与合

作的精神。

水平一：棍击包跑

水平二：2 人背夹包侧跑

水平三：2 人传踢包跑

拓展项目：障碍跑

棍夹包跑（水平一）

来源与传承

　　来源于满族过节庆祝时分配食物的一种方法，两根木棍上放着托盘，托盘上放着大块的肉，供食客们切割食用。

童　谣

手持木棍夹起包，
两人一组向前跑，
看准目标不偏移，
团结合作配合好。

提示与建议

　　1. 练习前让学生以小组为单位讨论用怎样的夹与跑的方式才能快速完成。

　　2. 每次只能夹起一个包，包必须完全夹住。

安全小贴士

　　播种与收获过程中，跑速适中，避免摔跤。

作　业

　　双棍夹包每天跑 15 米。

2 人背夹包侧跑（水平二）

来源与传承

来源于篮球的侧滑步练习。

童谣

背对背，
肩并肩。
夹住包，
向前跑。

提示与建议

1. 跑动过程中如果包落地，要返回起点重新开始。

2. 途中不得以手、臂碰包，如有违反均视为犯规。每碰包一次记犯规一次，每犯规一次比赛成绩加 2 秒。

3. 方法：每组 2 人，背夹一包（40 厘米边长的大包）向前走，绕过 10 米转折点回到起点，下一组开始前进。向前走时，双手不能碰球。

安全小贴士

1. 步调一致。

2. 侧步走动要一致。

3. 脚要侧向走直线，不要画圈走。

作业

每天侧滑步跑 25 米左右，与父母合作夹包跑。

2 人传踢跑（水平三）

来源于足球的脚内侧传接球。

童　谣

手拉手转起来，
你也踢我也踢，
小小包换位置，
转着圈向前进。

提示与建议

1. 用 40 厘米边长的大包。

2. 包的运动路线为 2 人拉手的圈内，如果包不慎踢出圈外，捡回原处重新进行游戏。

3. 方法：将学生分成 2 人一组，手拉手围成一个圈逆时针转动，每转动一次踢一次脚下的包，转动的同时向前移动，以速度最快到达终点的为胜。

安全小贴士

踢包时不得向侧踢，以免踢到人。

棍夹包绕障碍跑（拓展练习）

来源与传承

来源于满族过节庆祝时分配食物的一种方法，两根木棍上放着托盘，托盘上放着大块的肉，供食客们切割食用。当经过尊贵的客人时要有礼貌地避开。

童谣

手持木棍托起包，
两人合作稳着跑，
看准目标障碍绕，
默契配合人人笑。

提示与建议

1. 练习前让学生以小组为单位讨论用怎样的夹与跑的方式才能快速完成。
2. 每次只能夹起一个包，包必须完全夹住，保持重心躲障碍。

安全小贴士

跑动过程中，跑速适中，避免摔跤，物品掉落。

作业

双棍夹包每天跑 15 米。

课堂教学（三）

跳跃类

人类跳跃、腾跃尽可能高的高度和尽可能远的远度，进而实现生产、生活、娱乐的需要。这是一项节奏与协调、速度与力量相结合的身体练习。3项跳的锻炼价值与教育作用是：学会正确的跳跃方法，提高跳跃技能技巧。发展弹跳力、速度、灵敏和协调性，增进团结、互助、友爱和社会交往能力。

水平一：夹包跳格
水平二：棍夹包跳
水平三：跳流星
拓展项目：触吊包

夹包跳格 （水平一）

夹包跳格是房子与夹包运动的一种结合，相传是罗马时代流传来的。在中国 20 世纪五六十年代开展得相当普遍，只要有片空地，一根粉笔或树枝，在地上画好格子，就可以一起玩了。

童 谣

双脚紧靠夹牢包，
协调配合向前跳，
一二一二喊着号，
夹包跳格真叫妙。

提示与建议

用双脚夹紧沙包，跳起的同时脚腕、脚踝用力夹紧，发展学生双脚向上跳的能力以及全身协调能力。

安全小贴士

在夹包跳之前做好充分的脚腕、脚踝的准备活动。

作 业

画好格子，向前夹包跳，向后夹包跳，向左夹包跳，向右夹包跳等。

棍夹包跳（水平二）

来源与传承

古代满族猎手狩猎归来后，就举着猎物围着篝火兴奋地跳跃一圈。有时在丰盛的晚餐后，两个人一组手持长棍夹着兽骨边唱边跳，表达愉快的心情。

童谣

双手握杆夹紧包，
各种方法练习跳。
数着数来喊着号，
大家一起夹包跳。

提示与建议

每2人一组相对站立，双手各握体操棒的一端，棒中间夹一个沙包。跳跃途中减少包掉落的失误。

安全小贴士

双手握棒夹包侧跳的过程中，要与同伴团结协作，步伐一致。

作业

两人配合练习，绕圈或直行，单脚跳或双脚跳均可，每种练习每次2～3组即可。

跳流星（水平三）

来源与传承

　　流星包是由中国杂技传统节目"舞流星"中的水流星和火流星衍生而来。水流星是在一根绳索的两端各系一只玻璃碗，碗内盛水，演员甩绳舞动，玻璃碗飞快地旋转飞舞，而碗中的水不洒点滴。火流星是在一根绳索的两端各系一只铁笼，笼内装有燃烧的木炭，舞动时，两团火球或上下跳动或互相追逐，似流星一般。

童 谣

小小流星手中拿，
慢慢躺下长线拉，
水平摇动转起来，
学生排队跳起来。

提示与建议

1. 流星包要轻，可在长袜内直接装碎布、废报纸。
2. 要互换角色，体验摇与跳的不同。

安全小贴士

1. 游戏进行前做好准备活动，尤其是踝关节。
2. 仰卧在地的同学充分摇起包之后，其余同学排好队依次再跳。

作　业

两人配合，或多人配合练习，每次练习跳 20 ～ 30 次为优秀。

触吊包（拓展练习）

来源与传承

触吊包是一种弹跳力练习的方法，有助于提高学生全身的协调性以及空中控制身体平衡的能力。

童谣

沙包空中挂，
助跑向前跨。
蹬地用力踏，
力争去触它。

提示与建议

1. 在练习触吊包下面放块小垫子，为学生跳起后落地做缓冲用。
2. 练习可以用手、头等身体各个部位去跳起触碰。

安全小贴士

注意助跑的节奏，以及身体的协调性，避免跳起时摔倒。练习的场地要平坦。

作业

设置不同的高度让学生去触碰，也可同一个高度连续几次触碰。

课堂教学（四）

投掷类

投 掷

起源于狩猎劳作，依靠人体自身的运动将投掷物迅速投向指定的方向。投得远还要投得准，这是一项日常生活、生产劳动需要的具有一定技巧和力量相结合的身体练习。3项投掷的锻炼价值与教育作用是：学会自然挥臂的投掷方法，增强上肢爆发力，促进上肢肌肉关节、韧带的发展；逐步提高投掷能力；培养坚忍不拔，遵守纪律，服从指挥，并会自我保护等良好品质。

水平一：击包入门
水平二：穿圈包
水平三：棍击包
拓展项目：互击空中包

击包入门（水平一）

来源与传承

相传蒙古族的牧羊人经常用驱羊棍击石子，比赛谁击得远、击得准，是享受大自然的一种娱乐项目。

童谣

蓝天白云青草地，
小小沙包放在地，
击包入门不容易，
锻炼身体都欢喜。

提示与建议

1. 包的大小、重量适宜，棍棒不宜太长。
2. 门的大小适宜，注意不要甩棍棒。

安全小贴士

1. 练习棍击包时双手握紧棍棒以免甩棒伤到他人。
2. 观看练习的人尽量离击包人远一点。

作业

可以采用不同距离一次入门，也可以采用远距离击球入门的练习方法。

穿圈包（水平二）

　　海南岛黎族劳动人民为训练捕杀山猪的技能，常常进行象征性的标枪穿圈练习，后逐渐演变为竞技活动、游戏等。

童　谣

呼啦圈，向前滚，
手持沙包要射准，
用力投包穿过孔，
比比看，谁最能。

提示与建议

1. 场地平坦。
2. 呼啦圈直径约 1 米，一人持呼啦圈向前推滚，持包人向滚动的呼啦圈内投掷。

安全小贴士

投包的远度、高度适宜，滚呼啦圈的速度适宜。

作　业

呼啦圈的滚动速度尽量不同。

棍击包（水平三）

来源与传承

棍击包来源于棒球的击球练习，只是把球换成包，这种玩法既锻炼学生抛包的技术，又锻炼学生的身体协调性。

童 谣

沙包稳稳抛起来，
双眼盯紧包落点，
挥棍平稳向前看，
比比看看谁的远。

提示与建议

1. 包的大小、重量适宜，棍棒不宜太长。
2. 抛包时的速度不要太快，高度不要太高。
3. 击包盯紧包的落点，不要甩棍棒。

安全小贴士

1. 练习棍击包时双手握紧棍棒以免甩棒伤到他人。
2. 观看练习的人尽量离击包人远一点。

作 业

练习棍击包时，每抛 3 次至少 1 次能击打到包，在能击打到后逐渐提高远度。

互击空中包 （拓展练习）

来源与传承

民间一种狩猎活动演变出来的游戏。

童 谣

两人配合互击包，
一快一慢要记牢，
沙包飞行路线好，
投包动作要协调。

提示与建议

1. 最好两个沙包一大一小，一个先抛出，一个后抛出。
2. 要对包飞行的路线有一定的预测。

安全小贴士

不要抛得过高以免伤到人。

作 业

2 人配合完成空中互击包，也可 3 人配合。

课堂教学（五）

球　类

球的运动包括跑、跳、投的技能，讲究攻防技术配合。既有集体的配合，又有个人技巧的展现，每个人都在主配角的转换中为集体争先。3项球的锻炼价值与教育作用是：集体性与独立性并存，身体素质与意志品质并存。这是一项既能全面发展身心，又能培养果断机智灵活品质，还能增强团结协作精神的体育运动。

水平一：抛接球
水平二：狩猎球
水平三：绫球、拽包过网球
拓展项目：足球（包）、珍珠球

抛接球 （水平一）

来源与传承

　　贵州省盘江一带布依族早就有抛接球等别具情趣的娱乐活动，清朝后期更加普遍盛行。关于抛接球有很多的传说，其大意是将自己制作的风格各异的包，丢掷给自己心爱的人，后来逐渐发展为投掷包的体育游戏。

童　谣

小小沙包手中拿，
依次抛起落下接。
抛好接稳本领大，
你来我来比比赛。

提示与建议

　　准备 3 个包，一生一手持一包，另一手持两包，游戏开始，将一包扔到空中，在包下降时，向上扔第二个包，依次向上扔包，左右手轮换接包。向上抛时高度适宜。

作　业

　　抛、接包左右手各 10 次不掉包。

狩猎球（水平二）

海南岛黎族劳动人民为训练捕杀山猪的技能，常常进行象征性的标枪穿圈练习，后逐渐演变为竞技活动。

童谣

小小藤圈向前滚，
手持沙包来投准，
用力投包穿过孔，
比比看，谁最准。

提示与建议

1. 场地平坦。

2. 藤圈直径约 80 厘米，标枪用沙包代替。

3. 练习时可把藤圈吊在空中（不同高度），持包人距离藤圈约 5 米，向藤圈内投掷，包从圈中穿过为胜。

作业

掷准练习 15 次。

绫球（水平三）

来源与传承

　　绫球是由拽包游戏发展而来的，所用的器械是用布缝成的菱形包，内装一定重量的谷物，是少年儿童喜爱的体育游戏。

童　谣

小小沙包似绫球，有攻有防不着慌。
投中对方区域里，获得胜利喜洋洋。

提示与建议

　　双方各由 5 名队员组成，在 30×30 米正方形场地上进行比赛。场上两端各设一个半圆形的得分区，双方队员只要从对方防守区外将球投入对方得分区内，即得 1 分。在规定时间内，得分多的队为胜。

作　业

　　练习传、接包 20 次。

拽包过网球（水平三）

这个游戏所用的器械是布缝成的沙包，此项游戏不仅锻炼孩子的身体健康，还发展学生的智力角逐。

童 谣

时刻准备移动早，
手指弯曲成半勺，
额前击包要半送，
协调用力包传好。

提示与建议

双方队员各4人，分散在中网（也可用彩色皮筋代替）两侧，场地大小自定，双方各设橙色与绿色的包（形状自定）。双方互相传包时，只要同色包落在一个半场中，为对方胜。包的重量要确定，适于抛接不重不轻。双方队员服饰标志，球色要分明。计划好时间，留有二人抛接的练习时间。也可以在包上加彩带。

作 业

传、接包 15 ～ 20 次不掉包。

足球（包）（拓展练习）

来源与传承

踢包是侗族、苗族、水族的大人和小孩都喜爱的体育活动。传说是模拟播种水稻时，扔、接稻秧的一系列动作发展而来的。

童 谣

踢包关键在传包，
队员配合要记牢，
输不闹，赢不傲，
运动开心最重要。

提示与建议

每队 4～5 人，按照足球比赛的规则进行游戏。每场比赛 8～10 分钟。包大小 40×40 厘米。场地大小 30×15 厘米。在玩之前充分活动开全身各个关节，在抢包时注意安全，不要用力过大。

作 业

练习两人传接包 20 次。

珍珠球（包）

来源与传承

珍珠球是满族传统体育项目，是由模仿采珠人的劳动演变而来。满族人把珍珠当作光明和幸福的象征，在满族人民群众中流传着许多关于采珍珠的传说，有丰富多彩的以模仿采珍珠生产活动为内容的儿童游戏和体育活动。

童 谣

珍珠球头上抛，两队对抗不示弱。

左冲右撞破封锁，投在本队网兜里。

锻身体，练意志，全体队员乐呵呵。

提示与建议

现代珍珠球场地长 30 米，宽 15 米。中线两侧画 3 条线，依次分为水区、限制区、封锁区和得分区。比赛分为两队，每队 6 人或 7 人。以 1 球为"珍珠"，每队有 1 人执"渔网"，手持网兜于得分区内接球；另各出 2 人为"蚌"，手持蚌形球拍拦截对方投向"渔网"的球；余者为"采珠人"，在中场（水区）争夺"珍珠"，获球后设法避开对方堵截，将球投入本队网中，即可得分，得分多者为胜。

作 业

练习抛、接包 20 次。

课堂教学（六）

技巧类

根据学生年龄身心特点，选用有效提高肌体在不同生理和心理负荷条件下重复练习的适应能力。3项技巧类练习的锻炼价值与教育作用是：提高自我控制的平衡能力，发展灵敏、协调、力量等身体素质，培养果断、相互帮助的品格。

水平一：骆驼包
水平二：海豹包
水平三：后滚动夹包入筐
拓展项目：多人抛布包

骆驼包 （水平一）

来源与传承

由民间游戏改编而来，发展学生的爬行能力。

童　谣

小骆驼，
背上包。
爬行走，
不掉包。

提示与建议

在垫子上做好爬行的动作，并在背上放置一个沙包，通过四肢动作进行不同方向的爬行，在变换方向处放置标志物作为提示。

作　业

不同方向的爬行 15 米不掉包。

海豹包（水平二）

来源与传承

由民间游戏改编而成，发展学生的腰腹力量和身体的协调能力。

童　谣

仰卧举腿来接包，身体后倒去传包。

前接后传不掉包，齐心合力衔接好。

提示与建议

　　3个人一组，中间一个人躺在垫子上，此人前面站一个人将脚下的包夹到躺在垫子人的脚中，此人向后摇动身体将脚下的包传给后面的人。

作　业

练习夹、传包10次。

后滚动夹包入篮 （水平三）

来源与传承

由民间游戏改编而成，发展学生身体柔韧性、协调性及前后滚动能力。

童 谣

垫上平躺要放松，
脚下沙包要放稳，
收腹直腿要夹准，
收腿动作要完美。

提示与建议

夹包者平躺在小垫子上，在头后放置一个篮筐，在双脚上放一沙包。仰卧夹包时，两腿并拢，两手上举，利用腹肌收缩，两腿向后迅速摆动，上体继续后屈，将包放入篮中。在练习前可以先多练习仰卧起坐提高腰腹力量，包的大小可以因人而异。

作 业

练习夹包入篮 15 次。

多人抛布包 （拓展练习）

此项游戏是由珍珠球演变而来，是满族传统体育游戏。

童 谣

小小沙包布上抛，
双手拉布呈八角。
上蹿下跳真精彩，
齐心合力跳起来。

提示与建议

由 8 名队员组成，每人手拉布的一角（圆形布），布中间放置一个沙包，队员共同进行抛接包。游戏要在平坦的场地上进行。

作 业

集体抛接包 20 次。

课堂教学（七）

对抗类

早期
民间最盛行的就是以摔
跤为主的对抗，并逐步发展成
为少年儿童两人或多人分队集体的较
量。有对抗就有输赢，输赢都是对生活
态度的考验，是对心理承受力的锻炼。3
项对抗类游戏是：根据学生需要，采用游
戏式的较量，在趣味中，在双方配合下，
是一种学习与体验。在实践中逐步发
展体能，提高运动能力，养成
良好的锻炼习惯。

水平一：顶包
水平二：背拉夺包
水平三：格吞、大象拔河
拓展项目：角力

顶包 （水平一）

在朝鲜族聚集的地区，到处可以看见姑娘们头顶瓦瓮或是其他物品。她们习惯于将重物放在头顶，用头顶东西时，一般不用手扶着。朝鲜族还有专门举办的头顶重物竞走的比赛，后来演变成将沙包放置在头上的顶包走游戏。

童 谣

顶包牢记稳稳走，
不可图快包掉下。
捡包费时又费力，
心态平稳才能赢。

提示与建议

走路稳，防掉包，省时间，放包准，返回快，集中精神衔接好。

安全小贴士

包的大小要合适，顶在头上手平举，找准位置顶入界，不慌不忙往回跑。

背拉夺包（水平二）

来源与传承

背拉夺包是少数民族热爱的游戏，能增加上下肢协调性。提高灵敏素质及快速反应能力。

童　谣

一个包儿圆又圆，
小朋友们两边站，
你争我夺把力添，
得到包儿喜开颜。

提示与建议

1. 两人一组，分别站在直径为 1 米的圆圈内，同时抱一个大包，开始后两人同时夺包，先夺到包的为胜。

2. 为了夺包胜利可以多练习俯卧撑增加臂力，在比赛中要降低重心。

安全小贴士

在比赛过程中，不要突然松手，以避免对方受伤。

格吞 （水平三）

来源与传承

格吞为藏语译音，是藏族民间比试气力的拔河之意，是草原上牧民用来休闲娱乐的传统体育活动。

童 谣

布袋套在脖颈后，背向两边面向前。
腿下拉绳手扶地，模仿大象来拔河。
发展力量与耐力，培养勇敢和顽强。

提示与建议

1. 格吞是两人相对站立，屈膝，两腿分开，上体稍后倾，将袋子套在脖子上，用全身的力气相互向后使劲，力图把对方拉过中线。

2. 奔牛是把牛毛绳套在肩背部，侧向而立，相互对拉。

3. 大象拔河是由各自将绳套在颈部，背向各自朝前，从裆下拉绳。双手可以扶地，模仿大象的动作，相互奔拉。绳套在两腋下，用双肩拉也可以。

安全小贴士

比赛时不得触及对方身体，双手不能碰布袋或绳子。

角力 （拓展练习）

来源与传承

角力是民族民间传统的体育游戏，是男生最喜爱的活动之一。能培养学生对抗和平衡能力。

童 谣

两人站立面对面，
双脚开立与肩宽，
双手用力互相推，
先移脚位被判输。

提示与建议

两人相对站立，双脚开立一肩宽，各用双手用不同的力道互推，先移动脚位，失去平衡的为失败。

安全小贴士

对抗时，不得触及脸部。

课堂教学（八）

游戏类

游戏来源于生活，一般具有一定情节和娱乐竞赛因素，教育性强，形式生动活泼，内容丰富多彩，是少年儿童所喜爱的综合性的体育活动。最初的游戏是儿童模仿成年人生产劳动而形成的，成年人把游戏作为训练儿童的手段，寓教于乐，本着尊重儿童爱玩的天性和寓教于乐的精神，不断挖掘开发民族体育游戏，使其回归儿童生活，并走进学校课堂。期盼孩子们在快乐游戏中潜移默化地传承民族民间文化。

水平一：母鸡护蛋；垫包比多；叫号接包
水平二：护驾；播种与收获；冲过火力网
水平三：打龙尾；智取；截住空中包
拓展项目：机灵的小鼠；垃圾分类；运输队

母鸡护蛋（水平一）

这是仫佬族传统的娱乐活动，也是少年儿童喜爱的游戏之一。富有浓郁的乡土气息，既可以锻炼身体，又能促进身心和谐发展。

童 谣

前仰后俯忙护蛋，
紧张当中不忙乱。
想要取蛋靠技巧，
稳准灵活加心专。

提示与建议

一般 3 ～ 4 人为一组，1 人当"母鸡"，其余扮"鸡仔"。"母鸡"两手撑地，两脚着地，保护圈内的"鸡蛋"（以石子、沙包、球代替）。"鸡仔"用各种办法在规定时间内把"鸡蛋"取出为胜（鸡蛋数量自定）。注意"鸡仔"取蛋时，不得触及护蛋人的两腿，否则为失误。

安全小贴士

"取蛋"时需注意身体不要直接碰撞。

垫包比多 （水平一）

来源与传承

　　垫包始于唐代，是一种可以多人互动的体育活动。延边朝鲜族的垫包是用手垫起来以后再用手接住，能够增强学生的上肢力量与协调性。

> **童 谣**
>
> 垫沙包，要准确，
> 直上直下快速接。
> 接沙包，要瞄准，
> 眼疾手快心情悦。

提示与建议

1. 可以单手将包垫起，然后用单手接住。
2. 可以双手将包垫起，然后用双手接住。
3. 可以双手将包垫起，然后用单手接住。
4. 多人比赛看谁接的多，也可以两人2组，以你垫我接的形式进行小组竞赛。

安全小贴士

　　不要将包垫歪，容易撞到别人，也不容易接到。

叫号接包（水平一）

叫号接包是民族传统的体育游戏，是由叫号接球演变而来，能够培养学生机智灵敏及迅速反应的能力。

童 谣

站成一排来报数，
抛向空中快接住，
你奔我跑接得准，
比比大家反应度。

各就位
预备!!!

提示与建议

5～8人排成一字形站立报数，每人记住自己的号码。其中一人拿一个沙包站在队伍中间前约2米处。游戏开始，持包者一边向上抛球，一边叫任何一号，被喊号码者去接包，同时，其余人向四周散开。当听到接球者喊"停"时，奔跑的人原地站好，接包者用球打击离自己最近的人，被击中的人为失败者，与原持球者对调，游戏重新开始。如果未击中任何人，持包者失败1次，游戏继续进行，连续失败3次，要摸着鼻子原地转一圈。

安全小贴士

1. 包只有击中奔跑的人的下肢才为有效。
2. 接包者必须把球拿到手后方可喊停。
3. 在击包时，被击者不可逃跑，只可在原地躲闪。

护驾 （水平二）

来源与传承

护架，又名踢架是拉祜族传统游戏。最初的游戏方式是将参与游戏的人分成两组，两两赤脚相对，双方比试，踢中对方次数多的组为胜。后逐步由踢架发展为护架，此游戏深受孩子们的喜爱。

童　谣

小小沙包场上飞，
用手抛来用脚踢。
看准目标攻过去，
叫你物掉架又倒。
小小沙包场上飞，
用手抛来用脚踢。
护架灵敏来阻挡，
筑起铁壁和铜墙。

提示与建议

在场上画大小各一圆形，架上球或箱子放在小圆内。1～2人护驾。参与者手持小沙包（球）站在大圆内击球。击中球得1分，击掉球而球架不动得3分，球掉架倒得2分。

安全小贴士

进攻的队员要看准目标，躲开防守队员再进攻；防守队员要判断进攻队员是否出手，移动速度要快。

播种与收获（水平二）

来源与传承

　　这是以朝鲜族以播种与收获粮食为素材所设计的游戏，使学生在学习过程中体会农民耕种的辛劳和丰收的喜悦。发展学生的奔跑能力以及身体的协调能力，培养学生的团结协作精神。

童　谣

手持种子去播种，
一粒一粒放圈中，
辛辛苦苦来耕作，
喜获丰收尽笑容。

提示与建议

　　全班同学平均分为4队，每队人数相等。分别站在起跑线后，每个学生手里拿一个沙包，当教师发出口令后，快速跑至第一个圆圈将沙包放在内（播种），然后迅速跑回到队尾，以同样的方式依此完成播种，直到播种完后由第一名同学将第一个圆圈内的沙包取回。依此类推，最早完成播种与收获的组获胜。

　　规则：每次只能播种一粒种子；种子必须完全种在小圆圈内。

安全小贴士

　　交接沙包时，不得扔给对方，应放在对方手里。

冲过火力网（水平二）

冲过火力网是壮族男孩们最喜爱的活动。能够发展奔跑、躲闪的能力，提高投掷的准确性，培养人的机智、勇敢、果断、诚实等优良品质和团结协作的精神。

童 谣

一包激起千层浪，一攻一守相益彰。
攻队投掷要准确，守队躲闪莫慌张。

提示与建议

在场地中央画一条长 20 ～ 30 米，宽 60 厘米的跑道，两边 8 ～ 10 米处各画一条与跑道等长的平行边线，两线各用端线连接起来，使之成为一个长方形。把学生分为人数相等的两队，一队攻，一队守。攻队成一路纵队站在端线后，面对跑道。守队分两个组，分别站在两条边线后，队员每人拿一个小沙包面对跑道均匀地散开。

发令后，攻队学生一个跟一个沿着跑道向前冲，守队用小沙包投击，被击中的算失 1 分或暂时退出游戏，能安全通过的得 1 分。攻队往返各跑一次后，统计成绩后轮换。最后以得分多的队为胜。

安全小贴士

1. 攻队要按次序跑，不得跑出跑道。
2. 守队投击时不得踏出投掷线。
3. 只能击中头部以下部位才有效，投中头部扣 1 分。

打龙尾（水平三）

由民间传统游戏"打鸭子"改编而成，能提高投掷的准确性，增强灵敏性。

童 谣

小小巨龙圈中绕，
你投我躲真热闹，
打到龙身算无效，
保护龙尾最重要。

提示与建议

在场地上画一个直径8～10米的圆圈，将学生分成人数相等的4队，一队在圈内排成一路纵队，排头做龙头，后面的人双手扶前一人的两肩，排尾为龙尾，其余3队学生站在圈外。游戏开始，圈外的队员设法用小排球投击龙尾，如果龙尾被打中，则换做龙头，由后面的排尾接替做龙尾，游戏继续进行，在规定的时间内以被击中人数最少的队为胜。

安全小贴士

圈外队员不能进入圈内投击。

智取（水平三）

白族儿童最爱的游戏之一，能提高奔跑能力，培养机智果敢和灵活应变的心理素质。

童　谣

小小沙包好诱人，
左右各站一队人。
你追我赶夺沙包，
开动脑筋赢他人。

提示与建议

在场上并排画 4 个 1 米的圆圈，圈内各摆放沙包一个，圆圈两边各画一条与圆圈等距的平行横线作为起跑线。将学生分成两队，每队又分为人数相等的 4 个组，各组成纵队面对圆圈分别站在两边起跑线后。

发令后，各组第一人同时向圆圈跑去，力求抢先把圆圈内的沙包取回本队。但是当某一方拿起沙包时，另一方就可以追拍，在取得沙包者尚未跑过该队的起跑线前被拍着，追拍者得 1 分，如果在起跑线前没有被拍到，则取得沙包的队员得 2 分，如此依次进行，每人做一次后，以得分多的队为胜。

安全小贴士

1. 情绪高涨时，要经常提示学生遵守规则。

2. 要多鼓励和启发学生，既要跑得快，又要开动脑筋想办法取得沙包，防止双方消极守候圈旁，拖延时间。

3. 可安排学生当裁判，培养学生判断能力和公正无私的优良品质。

截住空中包（水平三）

来源与传承

流行于四川广安，是一种独特的丢沙包游戏，可以提高传接球的能力和移动速度，增强灵敏素质以及判断能力。

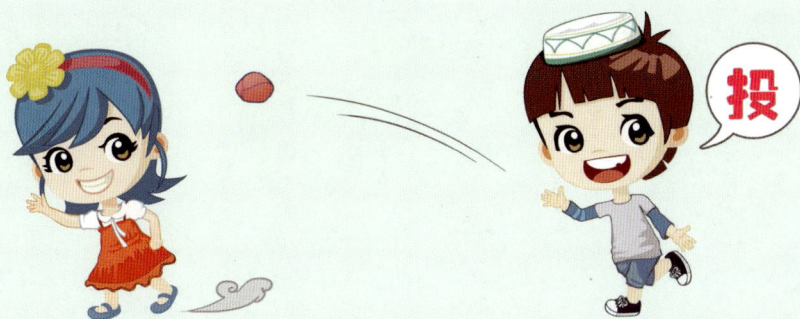

童谣

小小沙包手中拿，轻轻扔在头以下，
你扔我截真有趣，相互配合防被抢。

投

提示与建议

在场地上画 2～4 个直径为 5～6 米的圆圈，把学生分成 2～4 个组，每组选派 2 人到圆圈内做抢球人，其余人站在圈外做传球人。

发令后，各组传球人用沙包互相传接包，抢包人则积极抢断包，失误者做抢包人。

安全小贴士

传包人不得进圈，抢包人不得出圈。

机灵的小鼠（拓展练习）

来源与传承

机灵的小鼠是少数民族儿童最喜爱的游戏之一，能发展学生投掷的准确性和协调能力。

童　谣

小小老鼠在身后，猎手持包圈外候，
伺机投击动作快，老鼠一个都不留。

提示与建议

学生手持沙包，围成一个圆形（也可用胶带将布带圈贴在地上），1～2名学生各用绳带拉一个自制鼠形小车，在圈内走跑，圈上的人绕动包伺机投击（把包放在网兜内，投后拉网包带收回）。

安全小贴士

进攻的队员要看准目标，躲开防守队员再进攻；防守队员要判断进攻队员出手时机，移动速度要快。

垃圾分类（拓展练习）

这是配合垃圾分类处理而创编的一种游戏，学生在锻炼的同时也培养了环保意识。

童　谣

北京精神来践行，垃圾分类我先行。
多用几个垃圾篓，你跳我投齐回收。

提示与建议

在规定的范围内手持靛色、绿色包（包形状大小、重量自定）相互向上前方"拽包"，中间2人各自手持一个纸盒（大小、形状自定、盒面贴有"回收""处理"字样，持"回收"盒人只能接受绿色包入内，持"处理"盒人只能收靛色包）。

可以多人一组，也可以2人一组，一人持1个盒，另1人前跑向后"拽包"，持盒人快速接包，多种形式烘托主题。

安全小贴士

不要用力投击包。

运输队（拓展练习）

来源与传承

　　运输队是秉承一方有难、八方支援的原则创编的游戏，让学生得到锻炼的同时又能培养团结协作的精神。

童谣

脚尖内侧夹紧包，
重心迅速跟上来，
挥臂展体要充分，
平稳落地保安全。

提示与建议

　　夹包跳跑一定距离到终点处，夹包进桶（包掉落到桶外捡起回到之前地点重新夹包），然后站在桶后。一组5～6人，同样方法后站成一列横队，排头依次向排尾传桶，传到排尾。5～6人左右拉手（队伍不能散架），排尾提桶走到队伍前面，同样方法向后传桶，直到终点，把桶举起，以示完成任务。

安全小贴士

　　夹包时，离桶要有一定距离，避免把桶踢倒。夹包跳跃后脚落地是要平稳。

课堂教学（九）

舞蹈类

我国是一个统一的多民族国家，各民族有自己悠久的历史文化，他们能歌善舞，特别是富有浓郁的民族风格和独具地方色彩的民族民间舞，源远流长，多姿多彩，它是祖国灿烂文化的一部分。通过民族民间舞的学习，使学生初步了解掌握民族民间舞的基本特点、基本动作、基本舞步和舞姿与造型等，从中获得知识，锻炼体能，陶冶情操，提高艺术表现力，增强民族间的文化交流。

水平一：娃哈哈（维吾尔族）
水平二：小山鹰（藏族）
水平三：阿细跳月（彝族）

娃哈哈

歌舞表演（水平一）

这是维吾尔族儿童表演舞，活泼、欢快、跳跃。

1. 舞蹈音乐

新疆歌曲

```
6 33   33 | 4 46   3 | 2 2 2   2 1 | 2 23   6 |
1.我们 的 祖国 是花    园，花园里 花朵  真鲜   艳，
2.大姐 姐 你呀 快快    来，小弟弟 你呀  莫躲   开，

2 2 2   2 67 | 1 11   1 76 | 7 7 7   7217 | 6 6   6 |
和暖 的阳光  照耀着我们  每个人 脸上都  笑开  颜。
手拉 着手儿  唱起了歌儿  我们的 生活  多快  活。

2 2   2 67 | 1 1   1 76 | 7 7 7   7217 | 6 6   6 ‖
娃哈 哈    娃 哈 哈    每个人 脸上都  笑开  颜。
娃哈 哈    娃 哈 哈    我们的 生活  多快  活。
```

2. 参加人数
不限。

3. 舞蹈队形
站成圆形队或体操散点队形均可。

4．舞蹈基本动作

（1）点步

主力腿膝伸直，前脚掌着地，动力腿在主力腿旁，用脚掌做前点、后点、点移、点转等动作。

（2）横垫步

主力腿用脚跟及脚的外缘碾步，横走，主力腿膝稍屈，两腿夹紧，脚掌踏地。

（3）三步一抬步

右脚起步向侧（前）走三步，第四步左脚掌向后跷地再抬小腿。左脚起步时右脚掌向后跷地抬小腿，此动作也可转身做。

5．舞蹈说明

预备姿势：左丁字步，手臂自然下垂，手心向下。

点步　　　　　横垫步

三步一抬步

第一段

第1-2小节：右脚做踏点步，每拍一动，同时两手胸前击掌1次再打开，手心向上，共做2次。

第3-4小节：继续做踏点步，每拍一动，两臂由侧举至斜上举，手心相对。

第5小节：踏点步，每拍一动，两臂左斜上举，同时双手向里做翻腕动作。

第6-7小节：踏点步，每拍一动，左臂不动，右臂屈肘慢慢由上经体前打开，手心向上举至右侧，头随之左右摆动。

第8小节：踏点步，每拍一动，同时两臂屈肘举起，手心向外，手指触脸，头随之向左右摆动1次。

第二段

第1-2小节：向右做横垫步，上体向左后倾，同时两臂向右前上方举，随节奏两手前后摆动（仿招呼状）。

第3-4小节：原地踏点步，两臂屈肘体前举，手心向前，同时随上体向左右摆动各2次。

第5-8小节：手拉手做三步一抬步，右脚开始，做4次。

第9-11小节：做踏点步，两臂上举，手心相对，随着踏点步每拍做向里翻腕1次，左后转1周。

第12小节：左腿直立，右腿屈膝，脚掌侧点地，双臂屈肘举起做移颈动作。

小山鹰

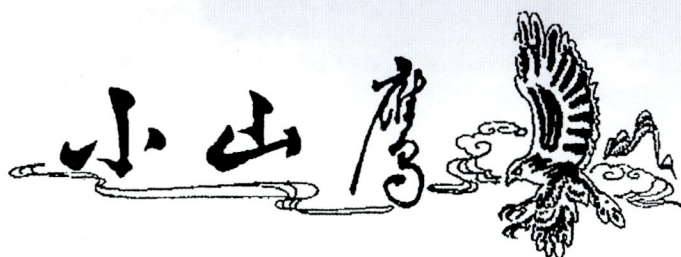

圆圈舞（水平二）

这是一个以藏族的民间舞蹈为基础的集体舞蹈，采用圆圈舞的形式，舞蹈动作抒情，富有诗意。

1. 舞蹈音乐

1=G 2/4 优美地、稍快地

任志萍　词

```
‖:(3 5 5 3  2 3 3 2 | 1  2 1  6 |  5  5   2 3 2 1 | 1  —  | 1  —  )

  5   1 2  | 3. 5  2 3 2 1 | 1  —  | 1  —  | 2 2  3 3 2
```

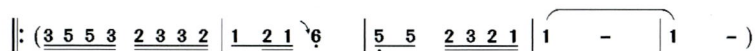

我　要　变只小山鹰，　　　万里蓝天
我　要　变条小蛟龙，　　　钻进海里
我　要　变朵映山红，　　　扎根祖国

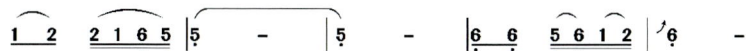

```
  1 2  2 1 6 5 | 5  — | 5  — | 6 6  5 6 1 2 | 6  —
```

飞　一　程。　白云脚下踩，
学　游　泳。　闯过千层浪，
土　壤　中。　长在风雨里，

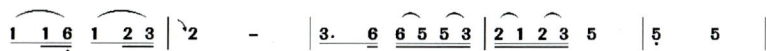

```
  1 1 6  1 2 3 | 2  — | 3. 6  6 5 5 3 | 2 1 2 3  5 | 5  5
```

群星把我　迎。　哪怕山高没有顶，我　也
参观水晶宫。　大海埋藏多少宝，我　要
练好过硬功。　党洒雨露滋润我，花开

```
  6. 5  2 3 2 1 | 1  —  | 1  —  :‖  5 6  1 1  1 0 ‖
```

敢　攀　登。　　　　彤。　巴扎嘿！
探　测　清。
红　彤

2. 参加人数

不限。

3. 舞蹈队形

排成单行圆圈，面向圆心站立。

4. 舞蹈基本动作

（1）前后踏步

1 拍——前半拍左脚尖在后面踏一下，后半拍左脚回到原地踏一下，同时两手向后摆。

2 拍——前半拍左脚尖在前面踏一下，后半拍左脚在原地踏一下，同时两手向前摆动。

（2）三步一踏步

1 拍——右脚向前一步，随之自然屈腿。

2 拍——左脚向前一步。

3 拍——右脚向前一步。

4 拍——左脚原地踏一步随之自然屈腿随机伸直。

做 1～4 拍动作时，两手由体侧慢慢斜上举，模仿鹰展翅动作，然后左脚开始向后做三步一踏步的动作，两手随之后上举。

（3）鹰飞步

1 拍——左脚向前踏跳一步，同时右脚抬起来，屈曲着伸向左前侧，两手向斜上方举。

2 拍——同 1 拍，但方向相反。

3 拍——左、右脚向前各踏跳一次。

4 拍——同 1 拍。

5～8 拍同 1～4 拍，但方向相反。

（4）弦子步

1 拍——左脚向左侧迈一步。

2 拍——右脚向左侧前迈一步。

3 拍——左脚再向左侧迈一步。

4 拍——右腿屈曲着抬起来，以髋为轴，由里向外绕动，同时左脚原地跳动一次。两手随着舞步自然而动，左手向左平伸，右手由右下方上举。

5～8 拍同 1～4 拍，但方向相反。

（5）跳转步

每 2 拍转半圈，每 4 拍转 1 圈。

1 拍——左手举起到左上侧，右手自然置于右下侧，踏左脚，接着踏右脚，逐步向左转。

2 拍——左脚向前踏跳一步，右脚自然摆动，逐步向左转动。

3 拍——右手举到右上侧，左手自然置于左下侧，踏右脚，接着踏左脚，逐步向左转。

4 拍——踏右脚，左脚原地跳一步，逐步向左转，右脚自然提起在左腿旁。

5．舞蹈说明

预备姿势：按规定队形自然站立或手拉手站立均可。

前奏

1、2 拍——左脚开始做"弦子步"一次。

3、4 拍——右脚开始做"弦子步"一次。

5、6 拍——同 1、2 拍。

7、8 拍——同 3、4 拍。

‖: (3 5 5 3　2 3 3 2 | 1 2 1　6̣ | 5̣ 5　2 3 2 1 | 1 — | 1 — |

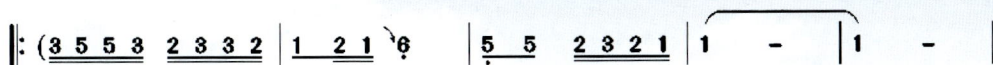

做"前后踏步"5次。

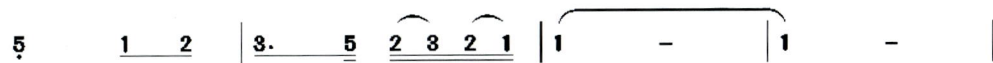

5̣　　1　2 | 3.　5　2 3 2 1 | 1 — | 1 — |

我　要　变　只　小　山　鹰，

做"三步一踏步"向前做一次。

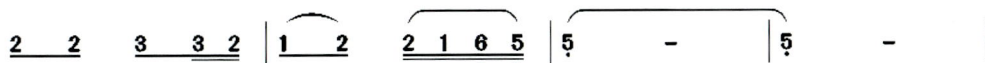

2　2　　3 3 2 | 1　2　2 1 6̣ 5̣ | 5̣ — | 5̣ — |

万　里　蓝　天　飞　一　　　程，

做"三步一踏步"向后退一次。

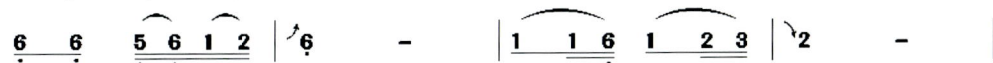

6̣　6̣　5̣ 6̣ 1 2 | 6̣ — | 1　1 6̣　1　2 3 | 2 — |

白　云　脚　下　踩，　　群　星　把　我　迎。

1至4拍 ——左脚开始做"鹰飞步"一次

5至8拍 ——右脚开始做"鹰飞步"一次

3. 6　6 5 5 3 | 2 1 2 3　5 | 5̣　5　6̣. 5　2 3 2 1 |⌐1.2⌐ 1 — | 1 — :‖

哪　怕　山　高　没　有　顶，我　也　敢　攀　登

9 ～ 12 拍——做"跳转步"一次。

第二遍、第三遍音乐，动作同前。但第三遍音乐的 9 ～ 12 拍动作，右脚向左脚并拢的同时胸前拍 1 次手，然后两手由胸前向上绕至自然侧举，手心向上，同时右腿提起。在最后一拍时，上体稍前倾，右脚脚跟在前着地。

6．教法建议

小山鹰圆圈舞也可以让学生站成同心圆，内圆的学生做动作，外圆的学生原地做"前后踏步"。一遍音乐后的间奏时，内、外圆的学生互换位置。

阿细跳月

对跳 （水平三）

彝族阿细人最喜欢的"跳月"又叫"阿细跳月"，形式是对跳。舞蹈欢快，动作自然而活泼。

1. 舞蹈音乐

1=F 5/4   彝族民间音乐

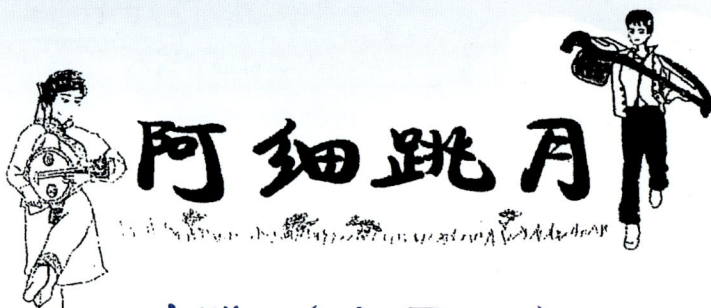

2. 参加人数

不限。

3. 舞蹈队形

排成两列横队或同心圆均可，每两人一对，面对面站立。如右图所示。

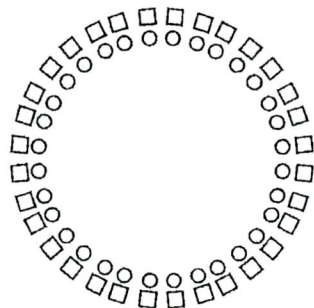

阿细跳月舞蹈队形

4．舞蹈基本动作

（1）侧踢步

1 拍——右脚向右侧迈一步。

2 拍——左脚向右脚前迈一步。

3 拍——同 1 拍动作，同时左腿提起向右前侧方举。自然屈膝，上体稍向右侧转。

4、5 拍——右腿不动，左小腿向前伸屈动作 2 次（伸屈时，脚底向前）。

（2）转身侧踢步

同侧踢步，但在踢腿时，边踢边向左或右体转一周。

（3）侧跳步拍手

同侧踢步动作，但在第 4、5 拍小腿做伸屈摆动时，主力腿在原地跳动 2 次，同时双手在体前击掌 2 次。

（4）转身跳步拍手

同侧跳步拍手动作，但在第 4、5 拍小腿伸屈摆动时，主力腿边跳边转体一周。

5．舞蹈说明

预备姿势：前奏时，小八字步站好。

第 1 小节：左踢步同时体前击掌 2 次。

第 2 小节：同第 1 小节动作，向左做一次侧跳步拍手动作。

第 3、4 小节：各自向右、向左做一次侧跳步拍手动作。

第 5、6 小节：两人一边做侧跳步拍手动作变左肩、左后转（换位）面对面，然后用同样的动作换回原位。

年 放飞梦想
——瑞祥民族小学首届体育节

悦动六一 展明星风采

二、大课间操（早操）

美的旋律为儿童健身活动增添养分

为落实素质教育与"健康第一"的指导思想，学校坚持每天做国家规定的儿童广播体操，还根据小学生喜欢模仿的特点，创编了形象、活泼的儿童模仿操以及突出民族风格的秧歌操、武术操。

三套操都注重全面锻炼，每套操都包括上下肢、躯干、头部等动作，以及由这些部位联合的全身、跳跃动作，在明快音乐伴奏下，培养学生健美体态，陶冶情操，从而促进身心全面发展。

（一） 儿童模仿操 （水平一）

　　模仿是儿童天性，在模仿中学会生活，学会劳动，学会知识技能，学会与小伙伴和谐相处，在实践体验中感受生活，了解生活，尝试积累生活中的不同体验，在模仿实践体验中追求快乐、智慧、健康，这是实施素质教育十分有意义的尝试。

儿童模仿操音乐长度

节　数	名　称	节　拍
一	自由体操（上肢运动）	4×8
二	踢毽子（下肢运动）	4×8
三	压压板（体侧屈运动）	4×8
四	拉力（扩胸运动）	4×8
五	吹号（转体运动）	4×8
六	跳水（腹背运动）	4×8
七	举重（全身运动）	4×8
八	跳绳（跳跃运动）	4×8
九	自由体操（放松运动）	4×8

$$36×8=288 拍$$

第一节 自由体操（上肢运动）

预备姿势：直立。

1-2 拍　两臂侧上举，掌心向下，脚跟提起。

3-4 拍　两臂做侧波浪，同时两腿屈膝半蹲。

5-6 拍　左脚前出一步，右脚尖点地，同时两臂斜上举，掌心向下。

7-8 拍　还原成直立。

以上动作再做 3 个八拍，只是二、四个八拍出右脚。

第二节 踢毽子（下肢运动）

预备姿势：直立。

1-2拍　两手叉腰，左脚向上踢，微低头。

3-4拍　同1-2拍，方向相反。

5-6拍　两臂右斜下举，左腿提膝向外侧踢，同时目视左脚。

7-8拍　同5-6拍，方向相反。

以上动作再做3个八拍。

第三节 压压板（体侧屈运动）

预备姿势：直立。

1 拍　　两臂侧举同时向左侧屈，左臂低，右臂高，掌心向下，两腿并拢，屈膝半蹲。

2 拍　　直立，两臂侧举。

3-4 拍　同 1-2 拍，方向相反。

5-6 拍　左脚向左侧出，脚跟着地，右腿微屈，上体向左侧屈；同时两手在左前屈臂击掌一次。

7-8 拍　同 5-6 拍，方向相反。

以上动作再做 3 个八拍，只是二、四个八拍出右脚。

第四节 拉力（扩胸运动）

预备姿势：直立。

1-2 拍　左手在内，右手在外，屈臂于胸前连续向外绕环四周。

3-4 拍　左脚向左侧出一步，同时扩胸两次。

5-6 拍　同 1-2 拍，方向相反。

7-8 拍　同 3-4 拍，方向相反。

以上动作再做 3 个八拍。

第五节 吹号（转体运动）

预备姿势：直立。

1-2 拍　左脚侧出一步并向左转体 90 度，右脚尖找地，同时左手叉腰拇指向后，
　　　　右手经体侧半握拳屈臂于胸前，拳眼对着嘴。

3-4 拍　还原成直立。

5-6 拍　同 1-2 拍，方向相反。

7-8 拍　同 3-4 拍，方向相反。

以上动作再做 3 个八拍。

第六节 跳水（腹背运动）

预备姿势：直立。

1-2 拍　两臂侧上举，掌心向外，同时上体微向后仰。

3-4 拍　两臂交叉向内绕至斜后举，同时上体前屈，两腿并拢成半蹲。

5-6 拍　同 1-2 拍。

7-8 拍　还原成直立。

以上动作再做 3 个八拍。

第七节 举重（全身运动）

预备姿势：直立。

1-2 拍　两臂侧举，半握拳掌心向前。

3-4 拍　两臂上举拳心向前，同时两腿前后开跳成左弓步，抬头挺胸。

5-6 拍　跳成 1-2 拍。

7-8 拍　还原成直立。

以上动作再做 3 个八拍，只是二、四个八拍出右脚。

第八节 跳绳（跳跃运动）

预备姿势：直立。

1-4 拍　两臂侧下举，两手模仿握绳状，原地并脚跳 4 次。

5-8 拍　身体转向右前方，两腿交替向后踢，同时上体微右侧倾。两手模仿握绳状。

以上动作再做 3 个八拍，只是二、四个八拍方向相反。

第九节 自由体操（放松运动）

预备姿势：直立。

1-2 拍　两臂向左侧波浪，同时屈膝，第二拍直立。

3-4 拍　同 1-2 拍，方向相反。

5-6 拍　原地踏步，两臂由下向上。

7-8 拍　原地踏步，两臂由上至下举。

以上动作再做 3 个八拍。

儿童模仿操音乐

前　奏

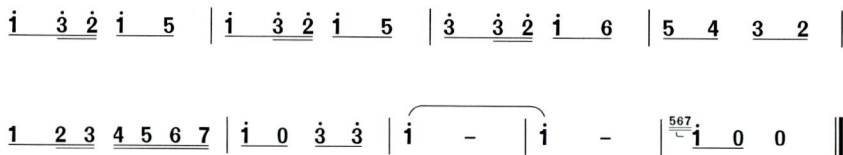

踏　步

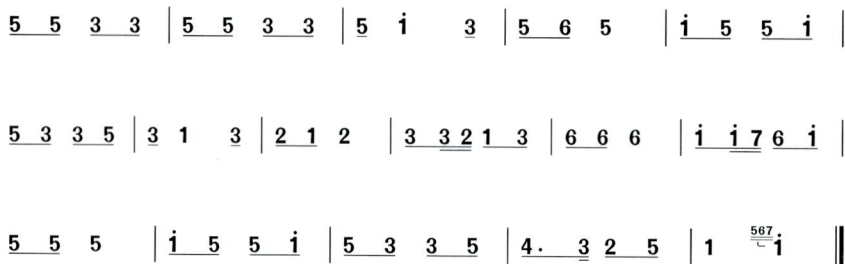

第一节　自由体操

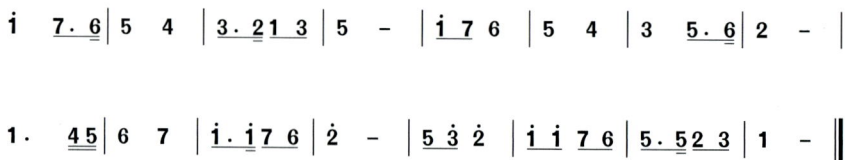

第二节　踢 毽 子

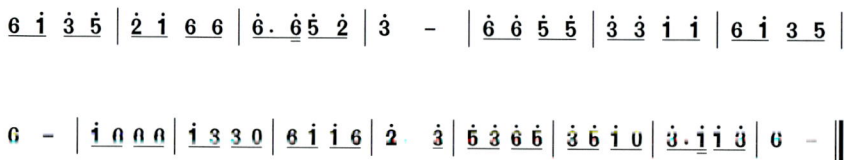

第三节 压 压 板

1=C

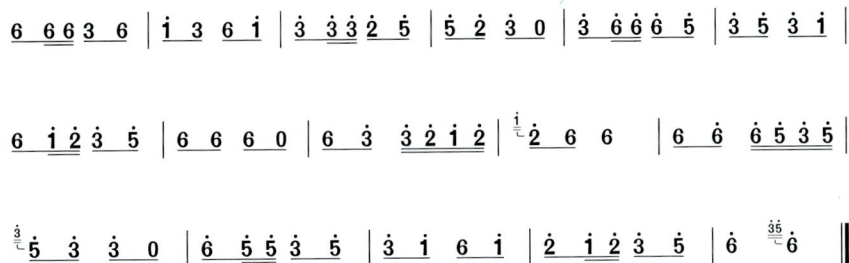

第四节 拉 力

1=G

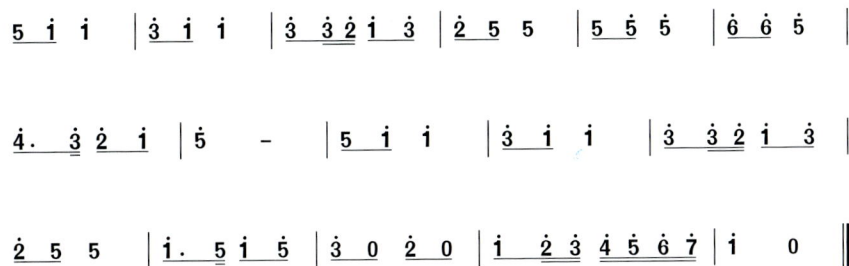

第五节 吹 号

1=G

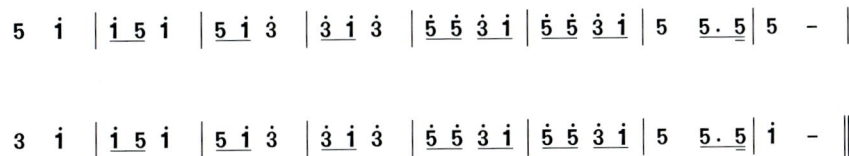

第六节 跳 水

1=G

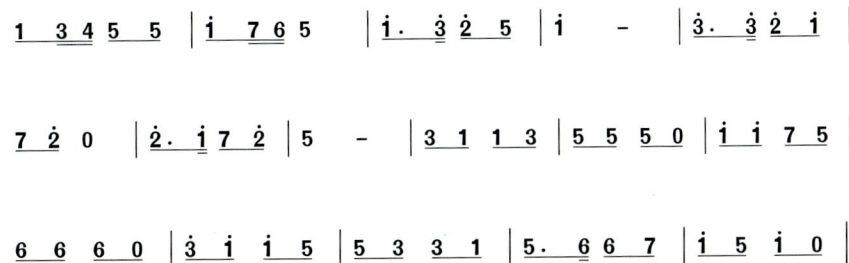

第七节　举　重

1=G

$\dot{1}$ $\underline{7.\underline{6}}$ | 5 4 | $\underline{3.\underline{2}1 3}$ | 5 - | $\underline{\dot{1} 7 6}$ | 5 4 | 3 $\underline{5.\underline{6}}$ | 2 - |

1. $\underline{45}$ 6 7 | $\underline{\dot{1}.\underline{\dot{1}} 7 6}$ | $\dot{2}$ - | $\underline{5 3 2}$ | $\underline{\dot{1} \dot{1} 7 6}$ | $\underline{5.\underline{5} 2 3}$ | 1 - ‖

第八节　跳　绳

1=C

$\underline{5 5} \underline{3 3}$ | $\underline{5 5} \underline{3 3}$ | $\underline{5 \dot{1}} 3$ | $\underline{5 6 5}$ | $\underline{\dot{1} 5} \underline{5 \dot{1}}$ | $\underline{5 3} \underline{3 5}$ | $\underline{3 1} 3$ | $\underline{2 1 2}$ |

$\underline{3 3} \underline{2 1} 3$ | $\underline{6 6 6}$ | $\underline{\dot{1} \dot{1}} \underline{7 6} \dot{1}$ | $\underline{5 5 5}$ | $\underline{\dot{1} 5} \underline{5 \dot{1}}$ | $\underline{5 3} \underline{3 5}$ | $\underline{4.\underline{3} 2 5}$ | 1 $\overset{567}{\frown} \dot{1}$ ‖

第九节　自由体操

1=C

1. $\underline{3}$ | 5 $\dot{1}$ | $\dot{2}$ $\underline{\dot{1} 7}$ | 6 - | $\underline{5 3} \underline{\dot{2} \dot{1}}$ | $\underline{5 6 7 \dot{1}}$ | $\dot{2}$ - | $\dot{2}$ - |

$\underline{\dot{3}.\underline{\dot{2}}}$ | $\underline{\dot{1} 7}$ | 6 $\underline{45}$ | $\underline{6 \underline{\dot{1}} 0}$ | $\underline{5 3} \underline{\dot{2} \dot{1}}$ | $\underline{7 5 6 7}$ | $\overset{(\dot{1}\,\dot{1}\,3\,5\ \ \dot{1}\,0)}{\dot{1}}$ - | $\dot{1}$ 0 ‖

踏　步

$\underline{1 3} \underline{4 5} 5$ | $\underline{\dot{1} 7} 6 5$ | $\underline{\dot{1}.\underline{\dot{3}} 2 5}$ | $\dot{1}$ - | $\underline{\dot{3}.\underline{\dot{3}} \dot{2} \dot{1}}$ | $\underline{7 \dot{2} 6}$ | $\underline{\dot{2}.\underline{\dot{1}} 7 \dot{2}}$ | 5 - |

$\underline{3 1} 1 3$ | $\underline{5 5} \underline{5 0}$ | $\underline{\dot{1} \dot{1}} 7 5$ | $\underline{6 6} \underline{6 0}$ | $\underline{\dot{3} \dot{1}} \dot{1} \dot{1}$ | $\underline{5 3} 3 3$ | $\underline{5.\underline{5} 6 7}$ | $\underline{\dot{1} 3} \dot{1}$ ‖

（二） 秧歌操 （水平二）

这是一套手持彩绸的秧歌舞，是在我国群众性的秧歌舞基础上以秧歌的基本步法结合基本体操创编的。通过秧歌操练习，学生不仅增强了体质，而且可以进一步了解我国的民间广场文体艺术。

秧歌操的特点是轻盈活泼，在队形变化基础上动作起伏大，音乐以东北秧歌为主，情绪明快，节奏有力。这套操的创编也是一种新的尝试。

秧歌操音乐长度

节 数	名 称	节 拍
	音乐前奏	2×8
	准备活动	2×8
一	头部运动	4×8
二	伸展运动	4×8
三	肩胸运动	4×8
四	四肢运动	4×8
五	踢腿运动	4×8
六	肩臂运动	4×8
七	体侧运动	4×8
八	体转运动	4×8
九	腹背运动	4×8
十	全身运动	4×8
十一	跳跃运动	4×8
十二	整理运动	4×8

1 分 =110 拍　共计 3 分 30 秒　52×8=416 拍

第一节 头部运动

预备姿势：直立，两腿并拢，两手分别握绸巾一角，两臂自然下垂于体侧。

第一个八拍

1-4 拍　半蹲，两手叉腰，头向左转，还原直立。

　　　　然后向右转头，还原直立。

5-8 拍　直立，头向左侧前上方仰头，左臂随之向侧上方伸出，还原。
　　　　然后向相反方向再做 1 次。

第二个八拍

1-2 拍　半蹲，低头，两臂体前交叉抱肘。

3-4 拍　直立，抬头，两臂向体侧上方举。

5-8 拍　同 1-4 拍。

第三个八拍

1-4 拍　半蹲，两手叉腰，头向左转，还原直立。

　　　　然后向相反方向再做 1 次。

5-8 拍　直立，两臂侧平举，头从左起绕动 1 周。

第四个八拍

同第三个八拍。

第二节 伸展运动

预备姿势：直立，两腿并拢，两手分别握绸巾一角，两臂自然下垂于体侧。

第一个八拍

1-4 拍　　走秧歌步由散点队形成密集队形。

　　　　1. 左脚向右前上一步，两臂微屈在胸前向左摆动。

　　　　2. 右脚向左前上一步，两臂微屈在胸前向右摆动。

　　　　3. 左脚向左后退一步，两臂微屈在胸前向右摆动。

　　　　4. 右脚向右后退一步，两臂微屈在胸前向左摆动。

5-8 拍　　原地踏步两次，下蹲，两手体侧撑地。

第二个八拍

1-4 拍　每纵队单数人不动；

　　　　双数人随拍起立，两臂在头上向左右摆动各 2 次。

5-8 拍　双数人原地左后转弯走 1 周，同时两臂在头上向左、右摆动。

第三个八拍

同第二个八拍，唯有单、双数人互换动作。

第四个八拍

全体做秧歌步，由一路纵队变成密集两路纵队，单、双数人背向站立。

注：该节起伏动作，两臂向头上或胸前摆动均可以。

第三节 肩胸运动

预备姿势：直立，两腿并拢，两手分别握绸巾一角，两臂自然下垂于体侧。

第一个八拍

1-4 拍　直立，两手反叉腰，向上提肩 2 次。

5-8 拍　直立，两手反叉腰，向前、向后扣肩各 1 次。

第二个八拍

1-4 拍　左腿向前成左弓步，两臂平举，上体正直，向前做绕肩 2 次。

5-8 拍　上体正直，两臂平举，向后做绕肩 2 次。

第三个八拍

同第一个八拍。

第四个八拍

同第二个八拍。

第四节 四肢运动

预备姿势：直立，两腿并拢，两手分别握绸巾一角，两臂自然下垂于体侧。

第一个八拍

1-4拍　原地走秧歌步，成二人一横排面向前。

5-8拍　直立，两臂经体前交叉向斜上方绕臂（稍蹲）至外臂斜上举内臂斜下举，同时内侧脚向外伸出脚点地。

第二个八拍

1-4 拍　两人均由外侧脚开始走秧歌步 1 周。

5-8 拍　同第一个八拍的 5-8 拍，动作相反。

第三个八拍

同第一个八拍。

第四个八拍

同第二个八拍。

第五节　踢腿运动

预备姿势：直立，两腿并拢，两手分别握绸巾一角，两臂自然下垂于体侧。

第一个八拍

1-4 拍　秧歌步走回散点队形。

5-6 拍　右臂上举，左臂侧举，向前踢左腿。

7-8 拍　左臂上举，右臂侧举，向前踢右腿。

第二个八拍

1-4 拍　秧歌步原地由外侧走成向右方向。

5-6 拍　两臂上举，右腿后踢。

7-8 拍　两臂上举，左腿后踢。

第三个八拍

同第一个八拍。

第四个八拍

同第二个八拍。

第六节 肩臂运动

预备姿势：直立，两腿并拢，两手分别握绸巾一角，两臂自然下垂于体侧。

第一个八拍

1-2 拍　两腿微屈，左臂平举，右臂屈臂摆至胸前，眼看左手。

3-4 拍　两腿微屈，右臂平举，左臂屈臂摆至胸前，眼看右手。

5-6 拍　屈膝，同时两臂由体左前经头上绕臂 1 周。

7-8 拍　左脚为轴，右脚点地，同时左臂斜上举，右臂斜下举。

第二个八拍

同第一个八拍，动作相反。

第三个八拍

同第一个八拍。

第四个八拍

同第二个八拍。

第七节 体侧运动

预备姿势：直立，两腿并拢，两手分别握绸巾一角，两臂自然下垂于体侧。

第一个八拍

1-4拍　原地走秧歌步。

5-6拍　屈右膝，同时左臂侧举，右臂侧上举，上体左侧屈，左脚侧出点地。

7-8拍　屈右膝，左脚向右后方伸出点地，两臂从下经左、上到右臂侧举左臂
　　　　侧上举，上体右侧屈还原。

第二个八拍

同第一个八拍，动作相反。

第三个八拍

同第一个八拍。

第四个八拍

同第二个八拍。

第八节 体转运动

预备姿势：直立，两腿并拢，两手分别握绸巾一角，两臂自然下垂于体侧。

第一个八拍

1-2 拍　左脚从前向右侧迈步成交叉转体，两手经右侧至头上左甩绸巾。

3-4 拍　与 1-2 拍动作相同，方向相反。

5-8 拍　向左转体 1 周。

第二个八拍

同第一个八拍，动作相反。

第三个八拍

同第一个八拍。

第四个八拍

同第二个八拍。

第九节 腹背运动

预备姿势：直立，两腿并拢，两手分别握绸巾一角，两臂自然下垂于体侧。

第一个八拍

1-4 拍　秧歌步走成 4 人一组的小圆圈，面向圆心站立。

5-6 拍　右腿向圆心迈出成弓步，同时两臂由体侧向前平伸，上体随之前倾。

7-8 拍　上体向后仰，同时两臂斜上举。

第二个八拍

1-4 拍　左脚开始，向后转，走秧歌步成面向圆外。

5-8 拍　同第一个八拍的 5-8 拍，右腿向前迈出成弓步。

第三个八拍

1-4 拍　右脚开始，右后转，走秧歌步成面向圆心。

5-8 拍　同第一个八拍的 5-8 拍。

第四个八拍

同第二个八拍。

第十节 全身运动

预备姿势：直立，两腿并拢，两手分别握绸巾一角，两臂自然下垂于体侧。

第一个八拍

1-4拍　左脚开始点地，右脚踏步，右后转向圆心；
　　　　同时两臂向前摆动2次。

5-6拍　直立，两臂向头上甩绸巾。

7-8拍　全蹲，低头，两手扶地面。

第二个八拍

1-2 拍　提臀。

3-4 拍　下蹲。

5-6 拍　同 1-2 拍

7-8 拍　同 3-4 拍。

第三个八拍

同第一个八拍，方向相反。

第四个八拍

同第二个八拍。

第十一节 跳跃运动

预备姿势：直立，两腿并拢，两手分别握绸巾一角，两臂自然下垂于体侧。

第一个八拍

1 拍　　左脚落地，右腿屈膝后踢，右臂上摆甩绸巾，左手置于腰侧。

2 拍　　同 1 拍，方向相反。

3 拍　　同 1 拍。

4 拍　　同 2 拍，回散点队形。

5-7 拍　向左原地跑跳 1 周，两臂头上左右摆动。

8 拍　　两腿并拢，稍屈膝，面向圆心，两臂侧举。

第二个八拍

1-4 拍　两腿并拢向左双足跳 3 次，然后停 1 步。

5-7 拍　两腿并拢，向右双足跳 3 次。

8 拍　　面向前还原站立。

第三个八拍

同第一个八拍。

第四个八拍

同第二个八拍。

第十二节 整理运动

预备姿势：直立，两腿并拢，两手分别握绸巾一角，两臂自然下垂于体侧。

第一个八拍

1-4 拍　　原地秧歌步。

5 拍　　　两臂经体侧到上举，充分伸展，伸膝提踵。

6 拍　　　两膝微屈，两臂经体侧向下摆。

7 拍　　　右臂上举，左臂侧举，抬头挺胸。

8 拍　　　还原。

第二个八拍

同第一个八拍，方向相反。

第三个八拍

同第一个八拍。

第四个八拍

同第二个八拍。

秧歌操音乐

1=C 4/4   作者：张 伟

（三） 武术操（水平三）

武术是我国优秀的民族文化遗产之一，历史悠久，内容丰富，是中华民族区别于世界各国的独具风格的体育项目。为使武术得到新的发展和提高，我们创编了小学生武术操，其目的是使学生掌握正确的动作概念，为学习武术套路动作做好准备。学习武术操能够更有效地锻炼身体，培养勇敢、顽强、机智、果断的优良品质，达到全面发展学生身心的目标。

武术操的特点是：以武术的基本手型、步型为主，内容有长拳、南拳、太极拳、八极拳等拳种的基本动作，动作舒展，易于小学生学习。

武术操音乐长度

节　数	名　称	节　拍
	音乐前奏	2×8
	准备活动	2×8
一	马步冲拳	4×8
二	虚步架掌	4×8
三	开步勾手	4×8
四	格挡冲拳	4×8
五	上步鞭拳	4×8
六	马步推掌	4×8
七	歇步冲拳	4×8
八	弹踢冲拳	4×8
九	跳步冲拳	4×8
十	太极整理	4×8

1分＝115拍　共计3分7秒　44×8=352拍

第一节 马步冲拳

预备姿势：直立，两腿并拢，两臂体侧自然下垂。

第一个八拍　开步冲拳。

第二个八拍　同第一个八拍，方向相反。

第三个八拍　马步冲拳。

第四个八拍　同第三个八拍，方向相反。

第二节 虚步架掌

预备姿势：直立。

第一个八拍　插掌、虚步插掌。

第二个八拍　同第一个八拍，方向相反。

第三个八拍　双摆掌。

第四个八拍　同第三个八拍，方向相反。

第三节 开步勾手

预备姿势：直立。

第一个八拍　勾手。

第二个八拍　同第一个八拍，方向相反。

第三个八拍　虚步亮掌。

第四个八拍　同第三个八拍，方向相反。

第四节　格挡冲拳

预备姿势：直立。

第一个八拍　格挡冲拳。

第二个八拍　同第一个八拍，方向相反。

第三个八拍　提膝亮掌。

第四个八拍　同第三个八拍，方向相反。

第五节 上步鞭拳

预备姿势：直立。

第一个八拍　鞭拳。

第二个八拍　同第一个八拍，方向相反。

第三个八拍　提膝虎爪。

第四个八拍　同第三个八拍，方向相反。

第六节 马步推掌

预备姿势：直立。

第一个八拍　马步推掌。

第二个八拍　同第一个八拍，方向相反。

第三个八拍　马步撑掌。

第四个八拍　同第三个八拍，方向相反。

第七节 歇步冲拳

预备姿势：直立。

第一个八拍　歇步冲拳。

第二个八拍　同第一个八拍，方向相反。

第三个八拍　歇步穿掌。

第四个八拍　同第三个八拍，方向相反。

第八节 弹踢冲拳

预备姿势：直立。

第一个八拍　向前弹踢冲拳（踢右腿）。

第二个八拍　向左弹踢冲拳（踢右腿）。

第三个八拍　向前弹踢冲拳（踢左腿）。

第四个八拍　向右弹踢冲拳（踢左腿）。

第九节 跳步冲拳

预备姿势：直立。

第一个八拍

      1-4拍　前出拳2拍1拳。

      5-8拍　侧出拳2拍1拳。

第二个八拍

      1-4拍　前出拳1拍1拳。

      5-8拍　侧出双拳1拍1拳。

第三个八拍　同第一个八拍，方向相反。

第四个八拍　同第三个八拍，方向相反。

第十节　太极整理

预备姿势：直立。

第一个八拍　马步五花手。

第二个八拍　太极收势。

第三个八拍　同第一个八拍，方向相反。

第四个八拍　同第三个八拍，方向相反。

武术操音乐

$\underline{\dot{1}\ \dot{2}\dot{3}\dot{2}\dot{1}}\ \underline{\dot{2}\dot{3}\dot{2}}\ |\ \underline{\dot{1}\ \dot{2}\dot{3}\dot{2}}\dot{1}\dot{2}\ |\ \dot{3}\ -\ -\ -\ |\ \dot{3}\ -\ -\ -\ |\ \underline{6.}\ \ \underline{\dot{1}6}\ \underline{56}\ 0\ |$

$\underline{6.}\ \ \underline{\dot{1}6}\ \underline{56}\ 0\ |\ \underline{6.}\ \ \underline{\dot{1}6}\ \underline{56}\ 5\ |\ 3\ -\ -\ -\ |\ \underline{6.}\ \ \underline{\dot{1}6}\ \underline{56}\ 0\ |$

$\underline{6.}\ \ \underline{\dot{1}6}\ \underline{56}\ 0\ |\ \underline{6.}\ \ \underline{\dot{1}6}\ \underline{53}\ \underline{21\underline{7}}\ |\ \underline{6}\ -\ -\ -\ |\ \underline{6.}\ \ \underline{\dot{1}6}\ \underline{56}\ 0\ |$

$\underline{6.}\ \ \underline{\dot{1}6}\ \underline{56}\ 0\ |\ \underline{6.}\ \ \underline{\dot{1}6}\ \underline{56}\ 5\ |\ 3\ -\ -\ -\ |\ \underline{6.}\ \ \underline{\dot{1}6}\ \underline{56}\ 0\ |$

$\underline{6.}\ \ \underline{\dot{1}6}\ \underline{56}\ 0\ |\ \underline{6.}\ \ \underline{\dot{1}6}\ \underline{53}\ \underline{21\underline{7}}\ |\ \underline{6}\ -\ -\ \underline{\overset{>}{3}\overset{>}{3}}\ |\ \overset{>}{6}\ 0\ 0\ 0\ \|$

三、课间与课外活动

给学生玩的权利和空间

　　游戏是儿童之最爱，是儿童快乐的源泉。学校坚持以人为本，全面实施素质教育。紧紧围绕育人目标，把各族人民强身健体、娱乐休闲形式的儿童游戏融入校园。从而使校园充满活力，也把儿童玩的天性从紧张的学习生活中重新唤起。更为儿童创设一个玩的课间，让他们笑起来、玩起来、快乐起来……总之，让丰富多彩的快乐游戏成为儿童最亲密的朋友。

（一） 课间的娱乐

课间活动是课与课之间达到消除大脑疲劳，身心放松的调节，使儿童在轻松、愉悦、欢乐和活跃的氛围中娱乐游戏，因此课间活动具有自愿性质，由学生自己选择参与活动，满足自己的兴趣、爱好，可以单独玩，也可以结伴玩，符合自己心愿的玩，玩的内容只要既能丰富精神生活，又能活跃身心，加强纪律性，还能提高休息学习活动的效率，这就达到了课间活动的意义。

1. 编花篮儿跳

4人一组，一腿着地支撑，一腿后伸，用小腿互相别在一起，向同一方向跳，边跳边唱儿歌："编呀编呀编花篮儿，花篮里面有小孩儿，小孩儿的名字叫秀兰儿，蹲下来，起不来，坐下去，起不来。"跳累了就换脚跳。

2. 翻呀翻烙饼

2人一组，面对面手拉手，向左右侧摇摆，边唱儿歌："摇呀摇呀摇呀摇，翻呀翻呀翻呀翻，转一圈转过身来手拉手。"当说转过身来时，2人同时翻身，变成背对背，双拉在头上再回原位。

3. 斗鸡巧取胜

2人一组站在圈内，双方单脚站立，另一腿屈起用手握住脚腕，然后用膝盖互相挤靠，将对方挤出圆圈或双脚落地为胜。

4. 捞小尾巴鱼

2人相对站立，双手互拉高举，其他同学依次从手下钻过，边唱边钻，"一网不捞鱼，二网不捞鱼，三网单捞小尾巴——"然后，2人拉手套住1人时说出"鱼"字。

5. 单脚独臂战

2人1组，面对面站在圆内，2人相互提屈一条腿，左手（或右手）彼此相握，然后用互握的手以拖、拉、推、扭等动作，将对方推出圆圈或者使对方失去平衡双脚落地为胜。

6. 追踩影子玩

阳光充足时，一人前面走，后面的人迅速追影、踩影。

（二）室内的游艺

室内游艺是由智力、体力相融和的游艺，在体育教学遇到风、雪、雨天时，体育课只好从户外转为室内，利用教室仅有的条件做一些游艺，其内容一般是民间流传儿童喜爱易学的，如"传吟""击鼓传花""猜谁是领头人"或自由结合小组玩"翻绳""抓拐""打手背""掰手腕"等。室内游戏在儿童迅速普及后逐渐发展为专题室内系列游戏。

随着学校办学条件的改善，室内活动有了很大的拓展，充分应用多媒体信息技术对室内课进行整合，培养学生对计算机的兴趣探索、创新的精神。比如"游戏与安全""奥运会迎冬奥"知识等，按照活动目标把课件设计好，组织学生边看边思考，以自由结合小组对画面的内容进行师生互动探讨，创编自己喜欢的游艺，然后组与组分别展示、相互评价。

1. 编童话故事

选5张卡片，将每张卡片上写一个角色，每组派一人抽取一张卡片，给3分钟的思考时间，构思一则童话故事，并讲给大家听。

2. 公关小先生

7名队员，每人手持七色卡片的其中一色卡片7张，然后相互介绍自己，并相互换卡交换，以最快速度将七色卡凑齐者为胜。

3. 按形状作画

5人一组，首先由教师随意画出一个图形，5名同学商议按形状作画，可以用水彩笔进行加工，以构思巧妙、立意新颖者为胜。

4. 语大接龙

词语接龙，脑力大挑战。词语的范围可以适当放宽些，成语、古诗、谚语等都可以，10秒钟内接不上为负。

5. 职业理想赛

每组派两名队员上场，各自说出自己最向往的职业，并用歌曲、诗歌、小品、相声等形式来介绍自己的喜欢的职业，同学们来当评委。

（三）课外活动

夹包入筐

打老鼠

踩尾巴

垃圾分类

网垫包

追流星

大转伞

（四） 体能与素质练习

1. 灵敏与柔韧——纵叉（水平一）

方法：站立开始，一腿前滑，两腿前后分开，以前腿的后部，后腿的前部着地，脚面绷直（前脚面向上，后脚内侧贴地），面向正前方，两手扶地或两臂侧举。上体直立。

作用：提高腿部柔韧性。

要求：上体保持正直，两腿成一条直线。

安全小贴士：初学者不要急于完成动作，要循序渐进，先做一些髋、腿的柔韧练习。

2. 反应与速度——敏捷梯（水平二）

方法：学生站在敏捷后，依次进入敏捷梯的方格内，不得踩到边框，完成后转身直线跑20米，绕过标志物在排到队尾，可以用单脚跳、双脚跳、开合跳、小步跑，也可以自主创新动作方法。

作用：提高学生的反应能力和速度，增加上下肢协调性。

要求：不能踩到敏捷梯的边框。

安全小贴士：当前一名同学离开敏捷梯后，下一名同学才能进入敏捷梯。

3. 耐力与力量——提重物往返跑（水平三）

方法：左右手各拿一个 5 公斤杠铃片（或哑铃、壶铃），跑 15 米后绕过标志物返回至终点，先到终点线的获胜。

作用：提高上肢与下肢力量。

要求：严格按照教师要求进行练习。

安全小贴士：跑到时要固定重物的位置，最好不要晃动。

四、体育与健康知识问答

学体育、练体育、爱体育，人人争做健康人

　　体育与健康课程是学校增强学生健康的途径，怎样才算健康？联合国卫生组织（WHD）对健康的定义是：健康不但没有躯体缺陷，还要有完整的生理、心理状态和社会适应能力，将健全的精神寓于健壮的身体之中，才能成为健康人。学校引导广大师生在运动学习中，在运动乐趣中逐步形成体育锻炼意识与习惯，增进对体育运动的理解，积极参与体育运动，学体育，练体育，爱体育，人人都是健康人。

（一）少年儿童为什么要坚持锻炼身体？

坚持体育锻炼能加快血液循环，增加骨骼的血液供应，使骨骼生长获得充分的营养，加速造骨速度。据调查，经常参加体育锻炼的同学要比一般同学高 4～8 厘米。还有，经常参加体育锻炼可以使身体过于瘦弱或肥胖的同学，由弱变强，由肥胖变为结实。

另外，经常锻炼身体，可以使内脏器官的机能增强，可以使循环系统和呼吸系统的机能得到很大的改善。特别是对人体的动力器官——心脏，有着良好的促进作用，通过锻炼使心肌发达，心搏有力。总之，坚持体育锻炼才能有效地增强体质。

（二）为什么体育锻炼要循序渐进？

小学生正处在生长发育的重要阶段，骨骼、力量发育等都还未成型。如果不根据身体特点，无规律地进行超负荷锻炼，就会对身体造成严重的伤害。因此，在体育活动中，小学生的身体锻炼必须遵循循序渐进的锻炼原则。

锻炼身体是需要不断适应，积累和逐步提高的漫长过程，要有计划、有步骤，既不能"立竿见影"，也不能一劳永逸。体育锻炼的变化规律是：经常锻炼则进步、发展；不坚持锻炼则退步、削弱。因此，小学生的体育锻炼必须循序渐进。否则，不仅不能获得提高运动能力的锻炼效果，反而有损健康，甚至造成身体损伤。

（三）课间 10 分钟应进行哪些活动？

在学校里，每节课之间都有 10 分钟的课间休息时间，大家知道是为什么吗？这是因为同学们在教室里上课时，空气不够流通。尤其是到冬季，教室都是门窗紧闭，一堂课下来，空气中所含有害物质增加，使同学们感到头昏沉沉的，眼睛也很疲劳。此外，长时间写字、画画、做作业，很容易造成脊柱变形。为了我们的健康成长，也为了提高学习效率，所以同学们要充分利用课间 10 分钟积极休息。

那么在课间 10 分钟我们要进行哪些活动呢？下课时，首先要开门开窗，通风换气；其次要走出教室，呼吸新鲜空气，在校园里散步，观赏花草树木，或者眺望远方，以预防近视；第三，我们还应积极开展一些轻松而且活动量小的文体活动，如踢毽子、跳绳、跳皮筋、掷沙包、跳舞等。

（四）怎样养成正确的身体姿势？

人们常说的"坐如钟""站如松""行如风"，这是对身体姿势的基本要求，如何从小养成正确的身体姿势呢？

1. 坐姿要端正

我们每天要坐在教室里学习几个小时，如果身体姿势不正确，天长日久就会使脊椎弯曲，甚至驼背，更重要的是影响身体的生长发育，请大家按照下面的顺口溜来做：

躯干正直稍挺胸，头正颈直肩要平，

两脚分开腿平行，眼视前方姿态稳。

2. 站姿要正直

站时要像松树一样挺拔，请大家按照下面的顺口溜来要求自己的站姿：

头正颈直两肩平，两眼平视稍挺胸，

膝盖伸直腹回收，脚跟相靠指并拢。

3. 走姿要自然

正确的走姿要自然，请大家按照下面的顺口溜来要求自己的走姿：

头正颈直两肩平，眼睛平视挺起胸，

两臂前后自然摆，步法矫健正直行。

（五）坚持做广播操、眼保健操的好处？

大家每天都会做广播体操，那么为什么要进行广播操活动呢？这是处于我们身体健康的角度考虑的。青少年是人体生理变化较为活跃的时期，正出于长身体发育阶段。同学们上课时用眼看，用脑记，用脑思考的学习过程，当我们思考时，大脑血流就会明显增加，而其他系统的血流量就会相应减少，这就会影响我们健康发育，相同道理，我们保持较长时间的坐立时身体就会因为长时间的紧张出现疲劳。再加上学习中不断思考，身体其他组织血流减少，就会影响身体的健康。那么你知道为什么眼保健操都是安排在课间进行吗？其中目的又是什么呢？这就是为了缓解眼部疲劳。

1. 通过做操让血流重新分配，松弛大脑神经，减轻长时间的坐立而引起的身体疲劳。

2. 可以通过活动，调节人体大脑皮层的紧张度。同时，到户外做操呼吸室外新鲜空气，对大脑非常有益。

3. 调节视力神经，对预防近视或防止近视也大有好处，所以同学们要认真，自觉的做好"两操"。

（六）运动前后正确的饮水方法？

同学们肯定认为运动时的饮水是一件很简单的事情，其实如果饮水方法不当，也会给我们的身体造成负担。下面就介绍一下运动中怎样科学、合理的补充水分。

1. 掌握好补水时间

运动时的最佳补水时间是运动前 30 分钟左右。这时适当的饮水能促进身体的血液循环，使身体达到最佳状态。运动中不要频繁的饮水，否则会增加胃部负担，影响运动效果。运动后也要等到心率恢复后再饮水，否则会增加肠胃与心脏的负担。

2. 饮水的选择

运动时的饮水最好的选择就是温开水，水温最好在摄氏 35 度，温开水可以更好地促进人体新陈代谢，调节体温与输送养分，即使在炎热的夏天也不要喝冰镇饮料，因为长时间饮用冰镇饮料会对肠胃造成很大的伤害。

3. 控制好饮水量

运动前一般饮用 150 毫升即可；运动中饮水时要注意不要饮水过多，小口饮用，湿润嗓子就好；运动后也不要一饮而尽地大口喝水，这样不仅不解渴，反而会伤害肠胃，应先喝几口，停几分钟后再喝。

（七）为什么运动后会产生肌肉酸痛？

剧烈运动后会发现，全身的肌肉有酸痛的感觉，这种感觉在运动医学上称之为"延迟性肌肉酸痛"。锻炼后 24 ～ 72 小时酸痛达到顶点，5 ～ 7 天后疼痛感就会基本消失了。那么肌肉酸痛的原因是什么呢？是运动时肌肉活动最大，引起的局部肌纤维及结缔组织的细微损伤，一般因为肌纤的痉挛所致，酸痛后，经过肌肉局部细微损伤的修复，肌肉组织变得更强壮，以后同样复核将不再发生肌肉酸痛现象，那么怎样防止肌肉酸痛呢？

1. 运动后按摩是消除疲劳的重要手段，首先是抖动四肢，主要是放松时，膝关节及四肢肌肉群：揉捏叩打时，先推摩大肌肉，后推摩小肌肉，一侧推摩后再推摩另一侧。

2. 局部温热和涂擦药物，锻炼后用温热水泡洗可减轻肌肉酸痛，局部涂擦油剂，糊剂或按摩擦剂也可以减轻疼痛。

3. 牵伸肌肉的运动可减轻酸痛，同时可加速肌肉的放松和拮抗肌的缓解，有助于紧张肌肉的恢复。

4. 做好锻炼时的准备活动和整理活动，准备活动做得充分和整理运动做的合理，有助于防止或减轻肌肉酸痛。

（八）运动中受伤后应该怎样处理？

同学们积极参与各项体育活动，但有的同学运动时却忽略了安全问题，导致在体育活动过程中受伤，那么受伤后应该怎么及时处理呢？下面就让我们学习一些简单的处理方法。

1. 擦 伤

皮肤表皮擦伤时。如果擦伤部位较浅，只需涂红药水就可以，如果擦伤创面较脏或有渗血时，应用生理盐水或清水清理后再涂上红药水或紫药水。

2. 肌肉拉伤

肌肉拉伤是指肌肉撕裂而导致的损伤，主要由于运动过度或热身不足造成的。可根据疼痛程度知道受伤轻重，一但出现疼痛感应立即停止运动，并在痛点敷上冰块或冷毛巾，保持 30 分钟，减少局部充血、水肿。切记，不能热敷，揉搓。

3. 扭 伤

关节部位突然过猛扭转，会造成附在关节外面的纽带撕裂。这些损伤多发生在踝关节、膝关节、腕关节，当发生扭伤时应立即停止活动。处理时将扭伤部位垫高，先冷敷，2～3 天后热敷。

4. 脱 臼

脱臼就是常说的关节脱位。一旦发生脱臼，应该保持安静，不要活动，更不可揉搓脱臼部位，妥善固定后送医院治疗。

（九）运动后可不可以立即坐下？

运动后不宜立即蹲坐休息，否则会阻碍下肢血液回流，影响血液循环，加深机体疲劳。剧烈运动时血液多集中在肢体肌肉中，由于肢体肌肉强力地收缩，会使大量的静脉血迅速回流到心脏，心脏再把有营养的动脉血压送到全身，血液循环极快。如果剧烈运动刚一结束就停下来休息，肢体中大量的静脉血就会淤积于经脉中，心脏就会缺血，大脑也就会因供血不足缺氧而出现头晕、恶心、呕吐、休克等症状。该情况多见于运动量比较大的活动，如长跑。正确的做法是每次运动结束后，多做一些放松、整理活动，如慢走。

（十）怎样预防近视？

1. 读写姿势要正确；

2. 要在光线充足的地方看书、写字；

3. 看电视时间不要过长；

4. 坚持做好眼保健操。

（十一）看电视应注意什么？

1. 电视机屏幕的位置应略低于两眼的水平线；

2. 座位与电视机至少要保持 2 米的距离；

3. 观看时间不超过 2 个小时，而且中间每隔半小时都应站起来活动一下；

4. 室内光线不要太暗，荧光屏亮度不要太强；

5. 坐姿要正确，不能躺着看电视。

（十二）户外活动有哪些益处？

1. 在空气清新、阳光充足的户外活动，可使人消除疲劳，尝到乐趣；

2. 阳光里的紫外线，可促进骨骼生长，又能杀死皮肤上的细菌，保持皮肤健康；

3. 能增强体质，减少疾病的发生。

（十三）游泳锻炼有哪些注意事项？

1. 游泳前要检查身体；

2. 选择好游泳场所；

3. 做好准备活动；

4. 游泳离吃饭前后时间应适宜；

5. 防止过度疲劳；

6. 游泳后用温水冲洗。

（十四）长跑锻炼有哪些安全与卫生要求？

1. 跑的距离，速度要适当；

2. 有严重疾病的人不宜参加长跑锻炼；

3. 选择好长跑的场地；

4. 跑前做好准备活动；

5. 长跑着装要适当。

（十五）什么叫平衡膳食？

人体每天从食物中摄取必需的营养，才能维持身体的正常活动。平衡膳食是指膳食中所含营养素种类齐全，数量充足，比例适当；膳食中所提供的养素与机体的需要，两者能保持平衡。

体育与健康知识测试卷

班级：_____　姓名：_____　成绩：_____

一、选择题：（共10题，每题3分，共30分）

1. 不属于健康三要素的是（　　　）

A. 身体健康　　　　B. 心理健康　　　　C. 社会适应　　　　D. 精神健康

2. 不属于常见的运动项目的是（　　　）

A. 冰球　　　　　　B. 篮球　　　　　　C. 羽毛球　　　　　D. 跑步

3. 不属于三种体型的是（　　　）

A. 苗条型　　　　　B. 瘦弱型　　　　　C. 健壮型　　　　　D. 肥胖型

4. 属于无氧运动的项目的是（　　　）

A. 爬山　　　　　　B. 游泳　　　　　　C. 自行车　　　　　D. 跳远

5. 不属于常见的身体测量内容的是（　　　）

A. 身高　　　　　　B. 体重　　　　　　C. 肺活量　　　　　D. 肩宽

6. 一天中锻炼的最佳时间为（　　　）

A. 早饭后　　　　　B. 起床后　　　　　C. 下午　　　　　　D. 晚上

7. 锻炼后怎样预防肌肉酸痛（　　　）

A. 多做整理运动　　B. 坐下休息　　　　C. 不于理睬　　　　D. 药物治疗

8. 对锻炼的表述正确的是（　　　）

A. 三天打鱼，两天晒网　　　　　　　　B. 闻鸡起舞

C. 每天爬山5小时　　　　　　　　　　D. 量力而行，持之以恒。

9. 主要是发展力量的运动是（　　　）

A. 羽毛球　　　　　B. 游戏　　　　　　C. 跳绳　　　　　　D. 举重

10. 铅球场地落地区的角度是（　　　）

A. 40度　　　　　　B. 29度　　　　　　C. 35度　　　　　　D. 30度

二、填空（每空 3 分，共 27 分）

1. 不良的生活方式有_____、墨守成规型、_____、操心劳碌型四种类型。

2. 世界卫生组织的健康四大基石分别是合理膳食、_____、_____、心理平衡。

3. 养成健康的行为习惯，中学生必须做到以下几点：讲究个人卫生、讲究饮食卫生、_____、_____、_____、积极参加体育锻炼、学习卫生知识、定期参加体检。

4. 青少年参加体育锻炼必须遵循的基本原则是_____、持之以恒、_____、区别对待、做好运动的准备和整理、运动与休息适当交替。

三、判断题（每小题 5 分，共计 25 分）

1. 正常人的血压为上压 90 ～ 140 mmHg，下压 60 ～ 90 mmHg。（　　　　）

2. 身体体重超出人群身高标准体重的 10% 称为肥胖症。（　　　）

3. 与艾滋病人一起共进午餐不会被传染上艾滋病。（　　　）

4. 鸦片俗称大烟、烟土，有很大的毒副作用，极易使人上瘾。（　　　　）

5. 一边看电视一边吃东西能增进人的食欲。（　　　）

四、简答题（每小题 9 分，共计 18 分）

1. 做好课间操的基本要求有哪些？

2. 上体育课时经常要做准备活动和整理活动，为什么？

五、教学设计

"抛接球"与"骆驼包"教学设计

二外附中瑞祥民族小学部　马京晶

一、指导思想与理论依据

本节课依据《体育与健康课程标准》的基本理念，以"健康第一"为指导思想，促进学生健康成长。

我国是一个多民族国家，民族体育文化源远流长。体育与健康课程标准明确指出学校应大力和利用珍贵的民族、民间传统体育资源。沙包是我国一项悠久的少数民族传统体育活动，是我校新开发的体育校本教材。本次选取这一教材，旨在让更多的地方和学生了解这一传统体育资源，培养他们广泛的兴趣爱好和学会自我健康的好习惯。

二、教学内容

"抛接球""骆驼包"。

三、教学重点与难点

课的主要教学目标	动作技能掌握程度评价	
	抛接球	骆驼包
1. 使学生了解"抛接球"和"骆驼包"这两个游戏的动作要点。	重点：抛球手型正确，接球稳、准。 难点：抛接球协调。	重点：移动平稳不掉包。 难点：手脚协调配合。
2. 初步掌握"抛接球"和"骆驼包"这两个游戏的动作方法，激发对包的兴趣。	重点：抛球手型正确，接球稳、准。 难点：抛接球协调。	重点：移动平稳不掉包。 难点：手脚协调配合。
3. 进一步巩固提高"抛接球"和"骆驼包"这两个游戏的动作法。	重点：抛球手型正确，接球稳、准。 难点：抛接球协调。	重点：移动平稳不掉包。 难点：手脚协调配合。

四、教学背景分析

1. 教材分析

　　沙包是一种极富有趣味性的民间体育运动。贵州省盘江一带布依族早就兴起了抛接球等别具情趣的娱乐活动，清朝后期更加普遍盛行。关于抛接球还有很多的传说，其大意是将自己制作的风格各异的包，丢掷给自己心爱的人，逐渐发展为投掷包的体育活动。通过各种玩沙包活动，发展学生的灵敏、协调和力量等素质，提高学生奔跑能力。让学生体验沙包活动中的乐趣，培养学生积极参与活动的态度与行为。启发学生发现生活中的锻炼器具，鼓励学生课外去发现、去创造、去动手制作。

2. 学生情况分析

　　本次课的对象是我校二年级（1）班的学生。全班90%的学生是借读生，相对于城市学生而言我校学生身体素质较好，并且性格活泼开朗，学习热情高。

五、教学效果评价

　　本课主要从学习态度、动作掌握程度方面对学生的上课表现给予评价。

	学习态度评价	动作技能掌握程度评价
优秀	听讲认真，学习主动，能保证自己和他人的学习安全。	能够很好地完成10次"抛接球"和5次"骆驼包"。
良好	听讲认真，能参与练习，主动帮助他人学习。	能够很好地完成6次"抛接球"和3次"骆驼包"。
合格	能主动参与练习。	能够很好地完成4次"抛接球"和1次"骆驼包"。

六、教学设计特色说明

　　本课体现新课标精神，开发课程资源，打破教材禁区，力求培养学生对沙包运动的兴趣；注意学科知识的交叉与渗透，充分利用现有器材来很好的调动学生的学习积极性，实施器材革新，以缤纷的色彩装点体育课堂，使学生在学习沙包游戏时既安全又高兴；师生之间相互交流，合作学习，体现教学中教师的主导地位和学生的主体性。

七、体育课时计划

班级：二年级 1 班 　　　 人数：30 人

教学内容	（1）"抛接球" 　　　 （2）"骆驼包"			
教学目标	1. 使学生初步了解"抛接球"和"骆驼包"这两个游戏的动作方法。 2. 学习初步掌握"抛接球"和"骆驼包"的游戏动作方法，发展学生的灵敏、协调和力量等素质，提高学生奔跑能力。 3. 培养学生的自主合作能力和创新意识，并在学习过程中能大胆与他人合作完成活动展示自我。			
部分	课 的 内 容	次数	时间	组织教法与要求
开始部分	课堂常规 1. 体委集合正规报告人数 2. 师生问好 3. 学部本科内容 4. 检查服装 5. 安排见习生	1次	2分钟	队形：四列横队 ◎◎◎◎◎◎◎ ◎◎◎◎◎◎◎ ◎◎◎◎◎◎◎ ◎◎◎◎◎◎◎ △ 要求：遵守纪律，听从指挥
准备部分	一般性准备活动 1. 上肢运动 2. 体侧运动 3. 体转运动 4. 跳跃运动 5. 放松运动	4×8	4分钟	队形：体操队形 ◎　◎　◎　◎　◎　◎ ◎　◎　◎　◎　◎　◎ ◎　◎　◎　◎　◎　◎ △ 教法： 1. 听音乐在教师带领下做徒手操。 2. 听音乐集体练习。 要求：动作协调、到位。

部分	课 的 内 容	次数	时间	组织教法与要求
	专项准备活动 1. 活动手腕、脚踝 2. 单手抛接包 3. 双手抛接包	4×8	4分钟	教法： 1. 学生听教师口令做动作。 2. 学生边做动作边读出教师摆出的数字。 要求：动作协调、放松，沙包不落地，学生左右间隔约1.5米。
基本部分	沙包 1."抛接球" 动作方法： 准备三个包，一生一手持一包，另一手持两包，游戏开始，将一包扔到空中，在包下降时，向上扔第二个包，依次向上扔包，左右手轮换接包。 重点：抛球手型正确，接球稳、准 难点：抛接球协调 口诀： 小小沙包手中拿， 依次抛包落下接。 抛好接稳本领大， 你来我来比比赛。	1 1 1 3 6 1 1 1	19分钟	队形： ◎◎　◎◎　◎◎ ◎◎　◎◎　◎◎ ◎◎　◎◎　◎◎ ◎◎　◎◎　◎◎ △ 教法： 　1. 教师讲解示范游戏动作，学生认真观察动作 　2. 提问：观察教师动作时，两手有什么变化吗？抛球、接球手型和用力方向是怎样的？ 　3. 教师将口诀教给学生 　4. 学生原地徒手动作练习 　5. 2人合作练习，一人抛球，一人接球（2人面对面站立，间隔2米） 　6. 学生做完整动作 　7. 教师提示要求并巡视指导 　8. 组织学生进行游戏 要求：抛接包动作协调，注意安全，遵守游戏规则

部分	课 的 内 容	次数	时间	组织教法与要求
	2. "骆驼包" 动作方法： 在垫子上做好爬行的动作并在背上放置一个沙包，通过四肢动作进行不同方向的爬行，在变换方向处放置标志物作为提示。 重点：移动平稳不掉包 难点：手脚协调配合 口诀： 小骆驼，背上包。 爬行走，不掉包。		9分钟	教法： 1. 教师讲解示范游戏动作，学生观察动作 2. 分解动作练习 （1）学生在小垫子上进行爬行练习。 （2）2人合作，1人爬行，另1人扶对方背上的包。 （3）学生完整动作练习。 （4）教师巡视指导动作，纠正学生错误动作。 3. 组织学生进行游戏 要求：团结协作，注意安全，遵守游戏规则。
结束部分	一、整理放松 二、本课小结 三、宣布下课	1	2	组织：散点 教法：1. 放松身心 　　　2. 教师小结 　　　3. 学生收好器材
器材	沙包 90 个 标志桶 8 个 录音机 1 台	预计生理负荷		
安全措施	1. 教师多次提示安全并巡视指导 2. 充分做好场地、器材的准备 3. 做好准备活动，充分活动开身体的各个关节			练习密度：25% 左右 平均心率：130 次 / 分

"穿圈包"教学设计

二外附中瑞祥民族小学部　刘　爽

一、指导思想与理论依据

本节课依据《体育与健康课程标准》中的以"健康第一"为指导思想为基础，以促进学生健康成长方。56个民族是一家，民族体育文化源远流长。《体育与健康课程标准》明确指出，学校应大力开发和利用宝贵的民族民间传统体育资源。沙包运动是我国历史悠久的少数民族传统体育活动，也是我校开发的体育校本教材。本次选择这一教材，旨在让更多的地方学生了解这一传统体育资源，培养他们广泛的兴趣爱好和学会自觉锻炼的好习惯。

二、教学内容

穿圈包。

三、教学背景分析

1. 沙包有许许多多种玩法，穿圈包来源于传承是海南岛黎族劳动人民为训练捕杀山猪的技能，常常进行象征性的标枪穿圈练习，后逐渐演变为竞技活动、游戏等。

2. 学生情况的分析

本次的授课对象是我校四（2）班的学生，全班95%的学生都是借读生。学生在观察能力、思维能力、语言表达能力方面都有了较好的提高，有着强烈的好奇心与动手操作的能力。他们喜欢在自己的探索中获取知识，喜欢在玩中学，喜欢在想中学，喜欢在用中学。我校新开发的沙包玩法深受学生喜爱。

四、教学效果评价

总体评价	学习态度评价	动作技能掌握评价
优秀	听讲认真，学习主动，能够保证自己和他人的安全	能够很好地完成6次
良好	听讲认真，能参与练习，主动保护他人安全	能够很好地完成4次
合格	能主动参与练习活动	能够很好地完成2次

五、教学设计特色

本课采用一物多用、一用到底的方法，有效地解决了器材缺乏的困境。有效地节约了时间，提高了课堂的教学密度，消除了一定的安全隐患。能有效地激发学习积极性和创新能力，提高了器材的利用率，有效地培养了学生的主体性及合作学习的能力。

六、课时教学计划

年级 __四年级__　　　第 __1__ 次课　　　　任课教师：刘　爽

教材内容	1. 沙包玩法　　2. 游戏：障碍接力跑			
教学目标	1. 通过学习与练习，学生能够讲述"穿圈包"动作方法，明确练习重点动作。 2. 通过学习与练习，使学生能够完成3～4次"穿圈包"动作。 3. 培养学生团结协作的意识，提高学生勇于克服困难、顽强进取的精神。			
部分	教学内容	次数	时间	组织教法与要求
开始部分2分	一、课常规堂 1. 体委员整队 2. 报告人数 3. 师生问好 4. 宣布课的内容 5. 安排见习生 二、队列练习 四列横队变换	1 1	1分钟 1分钟	一、队形 ☺☺☺☺☺☺☺☺ ☺☺☺☺☺☺☺☺ ☺☺☺☺☺☺☺☺ ☺☺☺☺☺☺☺☺ ★ 要求：快、静、齐 二、队形：四列横队进行 要求：变二列横队时两步到位，变四列横队时三步到位

部分	教学内容	次数	时间	组织教法与要求
准备部分 7分	一、准备部分 圈操 1. 扩胸运动 2. 振臂运动 3. 肩绕环运动 4. 体转运动 5. 正，侧踢腿 二、专项准备活动 原地肩腕关节	4×8 15次	4分钟 3分钟	一、队形：体操队形散开 ☺ X 教法： 1. 教师示范并领做 2. 观察学生动作，并及时提醒错误动作 要求：配合音乐把身体充分活动开 二、队形：体操队形 教法： 教师带领学生做准备活动边做边提示动作要点 要求： 教师提示练习要求 学生动作到位
基本部分 28分	一、沙包玩法（穿圈包） 动作方法 三人一组，两人负责推圈，一人投包，把包投进滚动的呼啦圈内。 推圈：左手扶住呼啦圈控制呼啦圈滚动方向，右手推出控制好力度。			队形（推圈练习） ☺ ☺ ☺ ☺ ☺ ☺ ☺ ☺ ☺ ☺ ☺ ☺ ☺ ☺ ☺ ☺ ☺ ☺

部分	教学内容	次数	时间	组织教法与要求
基本部分 28分	重点：站位正确，推圈力度适中。 难点：把呼啦圈滚直，滚稳。 投包：两脚开立比肩宽，左肩对准正前方，引沙包臂伸直，蹬转把肘翻，沙包从肩上过，挥臂投向前。 重点：站位正确，投掷臂后伸，右腿微屈。 难点：蹬地转体，挥臂过肩协调连贯将沙包投出。 口诀：呼啦圈向前滚，手持沙包要射准，用力投包穿过孔，比比看，谁最能。	15次 8次	7分钟 4分钟	教法： （1）教师示范，并讲解动作要领； （2）学生听教师口令以组为单位练习；（3）教师纠正错误动作，注意把圈滚稳，滚直。 要求：遵守纪律，认真听讲，注意学练安全。 队形（投包练习） 教法： （1）教师讲解示范投包的练习方法 （2）学生在教师口令下进行练习 （3）教师纠正错误动作，继续练习 （4）找动作好的同学示范 （5）教师小结 要求：把包投平稳 组织队形

部分	教学内容	次数	时间	组织教法与要求
基本部分28分		30次	12分钟	教法： （1）教师介绍讲解穿圈包的玩法。 （2）学生分组进行练习。 （3）教师纠正错误动作，继续练习。 （4）找做的好的同学示范。 （5）教师小结。 要求：三个人配合好，尽量把包投进圈内。 队形：
	二、游戏：障碍接力跑 游戏方法：把呼啦圈做成各种障碍进行接力跑。	2次	5分钟	教法： 教师讲解游戏方法及规则 将学生分好组 组织学生进行游戏 讲评游戏

部分	教学内容	次数	时间	组织教法与要求
结束部分 3 分	一、结束部分 1. 集合整队 2. 带领学生做放松练习 3. 对本次课进行小结 4. 安排下次课内容 5. 值日生收回器材	1 次	3 分钟	队形： ☺☺☺☺☺☺☺ ☺☺☺☺☺☺☺ ☺☺☺☺☺☺☺ ☺☺☺☺☺☺☺ ★ 要求： 集合快静齐 对课进行 师生互评，对下次课进行布置
场地器材	沙包 36 个 呼啦圈 36 个		预计生理负荷	
安全措施	进行安全教育，要求学生穿运动服，准备活动充分			练习密度：30%　　平均心率：110 次 / 分
课后小结				

"追流星"教学设计

二外附中瑞祥民族小学部　高颖丹

一、指导思想与理论依据

本着健康第一的指导思想，以促进学生的身体健康为总目标；以学生的身体练习为主要手段，在尊重学生的主体地位、体现教师的主导作用的前提下，教师引导学生主动参与跳包－追流星的学练过程。

二、教学背景分析

1. 教材内容分析

包的运动是民族校本课程的一项重要的内容，是一个有机的组成部分，它是与课堂学科教学课程并存的重要的课程体系。依据我校小学生身心发展的特点，我们将包的运动当中的"追流星"作为本节课的主教材，对学生进行教授，将"追流星"进行改编与再创作，并采用了综合拓展、小组竞赛的形式，激发学生参与运动的积极性，发展学生的跳跃能力和上下肢的协调能力。

2. 学生情况分析

本节课我所教授的班级是六年级三班，全班共 32 人，男生 17 人，女生 15 人，他们都为外地打工子弟的子女，因此学生的身体素质非常好，这一年龄段的学生，活泼好动，有较强的求知欲，大多数学生自信心比较强。在四年级时已经学过了夹包动作，五年级学过摇包、跳包动作，所有学生对跳包动作掌握非常扎实，为本节课的"追流星"教学打下了坚实的基础。

三、教学目标

1. 学生知道"追流星"的动作方法。

2. 80% 以上的学生掌握"追流星"的动作方法。发展学生的灵敏性、协调性及上下肢的协调配合能力。

3. 培养学生机敏、果断的心理品质和团结友爱的集体主义精神。

四、本课重点、难点

重点：跳包正确、连贯。

难点：上下肢协调配合。

五、教学效果评价

优秀：积极主动参与，掌握"追流星"方法，每组 8 人全部跳过旋转的包（流星）。

良好：能够主动参与，掌握"追流星"方法，每组 5～6 人能够跳过旋转的包（流星）。

合格：能够参与，掌握"追流星"方法，每组 3～4 人能够跳过旋转的包（流星）。

六、教学设计特色

1. 运用学生所喜欢的包的部位操进行准备活动，激发了学生的运动兴趣。

2. 在本次课中我采用了多种教学手段，让学生循序渐进的掌握追流星动作方法。

3. 给学生自主练习的空间让有能力的学生有发挥和展示的舞台。

七、"追流星"课时教案

班级：<u>六年级（3）班</u>   人数：<u>32 人</u>   教师：<u>高颖丹</u>

教学目标	1. 学生知道"追流星"的动作方法。 2. 80% 以上的学生掌握"追流星"的动作方法。发展学生的灵敏性、协调性及上下肢的协调配合能力。 3. 培养学生机敏、果断的心理品质和团结友爱的集体主义精神			
部分	教学内容	时间	次数	教法与要求
开始部分	一、课堂常规 体委整队 报告人数 师生问好 宣布内容			队形：四列横队 ○○○○○○ ○○○○○○ ○○○○○○ ○○○○○○ ▲

部分	教学内容	时间	次数	教法与要求
开始部分	二、队列练习 跑步走立定	2分钟	2-3次	要求：快、静、齐 队形：四列横队进行 要求：排面整齐
准备部分	一、教师带领学生做包的准备活动： 第一节　上肢运动 第二节　体侧运动 第三节　体转运动 第四节　踢腿运动 第五节　腹背运动 第六节　跳跃运动 二、专项准备活动 包的自主各种玩法： 1. 抛接包 2. 胯下传包 3. 跳接包	4分钟 3分钟	4×8 15 15 15	队形：体操队形 教法： 1. 教师示范并领做 2. 观察学生动作，并及时提醒错误动作 要求：动作到位，把身体充分活动开。
基本部分	一、"追流星" 动作方法： 持流星人仰卧在地上，将包装在废长袜内，用臂绕动，场上8人站成一圈，单双脚跳过流星。 规则： 1. 流星包要轻。 2. 要互换角色，体验绕与跳的不同。	19分钟左右	5 5 5 3 3	队形：四路纵队 教法： 1. 教师带领学生练习单脚交替跳。 2. 教师带领学生练习双脚跳。 3. 教师带领学生练习单脚跳。 4. 教师组织2人一组配合跳。 5. 教师组织6人一组配合跳。

部分	教学内容	时间	次数	教法与要求
基本部分	重点：跳包正确、连贯。 难点：上下肢协调配合。 二、游戏：打龙尾 1. 游戏方法 在场地上画一个直径 8～10 米的圆圈，将学生分成人数相等的 4 队，一队在圈内排成一路纵队，排头做龙头，后面的人双手扶前一人的两肩，排尾为龙尾，其余三队学生站在圈外。游戏开始，圈外的队员设法用小排球投击龙尾，如果龙尾被打中，则换做龙头，由后面的排尾接替做龙尾，游戏继续进行，在规定的时间内以被击中人数最少的队为胜。	9分钟	2 1 4 2 1	4. 教师组织两人一组配合跳。 5. 教师组织六人一组配合跳。 6. 教师组织学生八人一组跳。 7. 教师找学生示范。 8. 教师组织学生分组展示。 9. 教师组织学生集体表演。 10. 教师讲评学生的练习情况。 队形： 教法： 教师讲解游戏方法及规则。 将学生分好组。 组织学生进行游戏。 讲评游戏。 要求： 1. 击打头部以下部位。 2. 必须站在圈外投击。

部分	教学内容	时间	次数	教法与要求
结束部分	一、放松《五十六个民族》 二、教师小结 三、宣布下课	2分钟	1	队形：四列横队 ○○○○○○ ○○○○○○ ○○○○○○ ○○○○○○ ▲ 教法： 教师带领学生听音乐进行放松。 要求： 1. 跟随教师进行放松。 2. 认真听教师总结。 3. 下课后帮助教师回收器材。
器材	1. 沙包33个 2. 追流星包4个 3. 录音机一台	预计生理负荷		
安全措施	1. 教师多次提示安全并巡视指导。 2. 充分做好场地、器材的准备，做好准备活动。			练习密度： 35%左右 平均心率： 135次/分

149

"传运支援"教学设计

二外附中瑞祥民族小学部　常甲

一、指导思想与理论依据

本节课以《新课标标准为依据》根据五年级学生的身心特点和已有知识基础，结合运动技能掌握规律。以激发学生学习兴趣为出发点，采用合作探究的教学方式与讲授式相结合，来完成教学目标。

练习过程中，充分考虑了学生的运动负荷和锻炼实效。合理安排主、辅教材内容，使学生在运动参与、身体健康、心理健康、运动技能、社会适应等领域都得到了相应的发展。

二、教学背景分析

1. 教材内容分析

包的运动是民族校本课程的一项重要的内容，是一个有机的组成部分，它是与课堂学科教学课程并存的重要的课程体系。依据我校小学生身心发展的特点，我们将包的运动当中的传运支援做为本节课的主教材，对学生进行教授。在内容器材的制作进行了适当的变异和改造，并采用了综合拓展、小型竞赛的形式，引领激发学生参与运动的积极性。不仅可以提高学生的上下肢协调能力和团队合作精神，而且对弘扬民族文化，振兴民族精神，加强对学生进行民族团结进步和爱国主义教育有重要意义。

2. 学生情况分析

本节课我所教授的班级是五年级三班，全班共32人，男生18人，女生14人，他们都为外地打工子弟的子女，学生的身体素质非常好，这一年龄段的学生，思维敏捷、模仿能力强、体能恢复快的特点，同时争强好胜、好奇心强、求知欲望高，正是开展体育锻炼的黄金阶段。在四年级时已经学过了夹包动作，所有学生对夹包动作掌握非常扎实，为本节课传运支援的进行打下了坚实的基础。

三、教学目标

1. 学生了解传运支援的游戏方法及规则。

2. 80% 以上的学生掌握"夹包"—传运支援的动作方法。发展学生的灵敏性、协调性及上下肢的协调配合能力。

3. 培养学生机敏、果断的心理品质和团结友爱的集体主义精神。

四、本课重点、难点

重点：夹包的时机。

难点：夹包过程中的协调配合。

五、教学效果评价

优秀：积极主动参与游戏，掌握游戏方法，每组 8 人全部夹包入桶。

良好：能够主动参与游戏，掌握游戏方法，每组 5 ～ 6 人能够做到夹包入桶。

合格：能够参与游戏，掌握游戏方法，每组 3 ～ 4 人能够做到夹包入桶。

六、教学设计特色

1. 运用学生所喜欢的包操进行准备活动，激发学生的兴趣。利用专项练习来为接下来的课程做好铺垫工作。

2. 在本次课主教材中，利用情境创设来激发学生对夹包—传运支援的兴趣。如：如果我们要将物资（包）快速的运往灾区，就需要大家的共同努力、团结协作、一方有难、八方支援。

3. 在本次课的教学中采用循序渐进的方法让学生熟练的掌握传运支援动作方法。

4. 让学生分组讨论，给学生充分的想象和发挥空间来调动学生的积极性。

七、"传运支援"课时教案

班级：五年级（3）班　　　人数：32 人　　　教师：常甲

教学目标	1. 学生了解传运支援的游戏方法及规则。 2. 80% 以上的学生掌握"夹包"—传运支援的动作方法。发展学生的灵敏性、协调性及上下肢的协调配合能力。 3. 培养学生机敏、果断的心理品质和团结友爱的集体主义精神。

部分	教学内容	时间	次数	教法与要求
开始部分	一、课堂常规 体委整队 报告人数 师生问好 宣布内容 二、队列练习 跑步走立定	2分钟	2-3次	队形：四列横队 ○○○○○○ ○○○○○○ ○○○○○○ ○○○○○○ ▲ 要求：快．静．齐 队形：四列横队进行 要求：排面整齐
准备部分	一、包操 1. 伸展运动 2. 踢腿运动 3. 体侧运动 4. 腹背运动 6. 跳跃运动 二、夹包专项练习 1. 原地纵跳 2. 自夹自接 3. 原地夹包	4分钟 3分钟	4×8 15 15 15	队形：体操队形 教法： 1. 教师示范并领做 2. 观察学生动作，并及时提醒错误动作 要求：动作到位，把身体充分活动开。
基本部分	一、夹包——传运支援 动作方法： 将学生分成人数相等的四组，每组前边放置一个桶，每个同学依次将沙包夹进桶里，然后站在桶后，排头依次向排位传桶，传到排位，每组的8人拉手，排尾提桶走到队前，同样方法向后传桶，直到终点，把桶举起，以示完成任务。	19分钟左右	5 5 5 3 1 1	队形：四路纵队 教法： 1. 带领学生练习跳夹包。 2. 带领学生练习对夹包。 3. 带领学生练习夹包如框(8人一组，密度较大) 4. 带领学生练习夹包入框（传运支援第一个动作）。 5. 教师讲解夹包—传运支援方法要求。

部分	教学内容	时间	次数	教法与要求
基本部分	重点：夹包的时机 难点：夹包过程中的协调配合 二、游戏：春播秋收 1．游戏方法 全班同学平均分为四队，每队人数相等。分别站在预备线后，每个学生手里拿一个沙包，当教师发出口令后，快速跑至第一个圆圈将沙包放在内（播种），然后迅速跑回到队尾，以同样的方式依此完成播种，直到播种完后由第一名同学将第一个圆圈内的沙包取回。以此类推，最早完成播种与收获的组获胜。 2．规则 （1）每次只能播种一粒种子； （2）种子必须完全种在小圆圈内。	9分钟	4 2 1 1 3-4	6．组织尝试性练习一次。 7．传运支援教学比赛。 8．增加障碍物，学生自主讨论能快速抵达灾区。 9．教学比赛。 10．教师小结本次内容。 队形： 教法： 教师讲解游戏方法及规则。 将学生分好组。 组织学生进行游戏。 讲评游戏。 要求： 1．击到掌后下一个学生方可跑出 2．将沙包放入圈内。
结束部分	一、放松《民族大团结》 二、教师小结 三、宣布下课			队形：四列横队 ○○○○○○ ○○○○○○ ○○○○○○ ○○○○○○ ▲

部分	教学内容	时间	次数	教法与要求
		2分钟	1	**教法：** 教师带领学生听音乐进行放松。 **要求：** 1. 跟随教师进行放松。 2. 认真听教师总结。 3. 下课后帮助教师回收器材。
器材	1. 沙包 33 个。 2. 桶 4 个。 3. 录音机一台。 4. 呼啦圈 4 个。	预计生理负荷		**脉搏**
安全措施	1. 教师多次提示安全并巡视指导。 2. 充分做好场地.器材的准备，做好准备活动。			练习密度： 25% 左右 平均心率： 130 次 / 分

专家点评

　　民族传统体育历史悠久，内容丰富，形式独特。我国是一个多民族的国家，民族体育自然成为我国体育事业的重要组成部分，它除了具备一般体育特征之外，还具有自己独特的内涵和民族文化特征。把民族传统体育引入学校体育，可以促进学校体育活动的开展，丰富教学内容，提高少数民族的运动技能，振奋民族精神，加强民族团结，发扬爱国主义精神，推动民族传统体育走向世界。《体育与健康课程标准（2011年版）》明确提出了开发体育与健康的校本课程，形成各地、各校体育与健康课程特色的重要前提和条件是课程资源的开发，开发课程内容资源，民族民间传统体育项目是不可或缺的一部分。

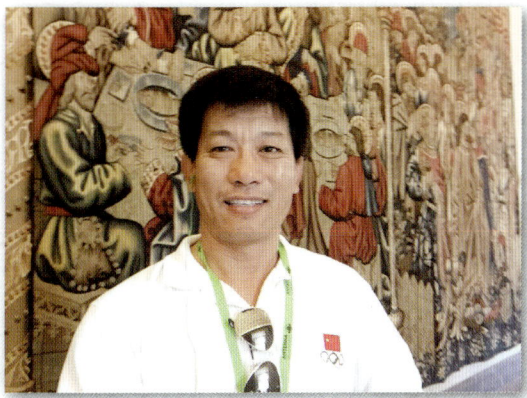

　　今天我看了二外附中瑞祥民族小学部的开发的包的运动三节课的教学设计，感觉非常好，三节课利用包的功能，开发了不同的玩法，既体现了体育课健身性，也体现了很好的育人价值。瑞祥民族小学是一所民族学校，学校领导及教师对民族政策、少数民族风俗习惯、宗教信仰等较为了解，有利于学生活动的顺利开展。正是有了这样的基础，学校多年来一直在不断开发民族体育课程，在继承民族传统体育的基础上又开发了很多新的玩法，其中包的运动就是学校最近两年开发出来的课程。今天看到的三节课只是包的运动一部分，更多内容体现在学校的校本课程中。

　　从教学过程看，三节课都是围绕包这个主题展开，从低年级开始练习抛接包，中年级开始的各种投包，到高年级开展的夹包，体现了课程安排由易到难，单一内容到综合内容的结构。每节课的设计主题都很突出，仅仅围绕学生的年龄特点展开各种活动，活动的形式做到了多样化。这是三节常态课，教师在设计课的时候，不仅遵循了体育课教学一些基本规律，如常用方法（开始、准备、基本、结束四段式教学，还使用了讲解、示范、展示、比赛等）。

三节课比较突出的特点体现在三点，这些教学法给我们带来一定的启发。

1. 多种形式的合作练习

合作学习是新课改倡导的新的学习方式，在这三节课上都有突出的体现，如双人的抛接包、对夹包、一人滚圈一人投包，在这些活动，学生之动作间不仅能相互学习动作，更能增加两人之间的配合。

2. 多次机会自主学习

教师在示范获纠正学生动作之后，甚至是学生展示之后，都会给学生自主练习的时间，而且出现的次数很多，教师通过安排学生的自主练习，可以及时了解学生的差异性，为区别对待提供参考。

3. 游戏竞赛法

对于小学生而言，除了比较爱动，而且还具有喜欢竞争的特点。因此，组织游戏比赛能充分调动学生的兴趣。教师利用包安排的各种游戏，既体现一物多用，又起到了综合能力的锻炼价值。

总之，三节体育课新颖、有创新，可以带给同仁们在课程开发思路上的一些启发。三位执教老师都很年轻，但是你们有激情、有想法、肯付出。你们是有想法的一代年青人，你们付出的辛苦，换来的成果，会得到家长、孩子、体育同仁的认可。我想今后只要你们坚持，在专家的指导和引领下，你们会取得更大的成功。

王晓东

2016 年 4 月 10 日

专家点评

　　高颖丹老师教授的民族传统体育游戏"追流星"内容，通过学生主动参与、相互合作，使学生在"追流星"的学练过程中发展身体素质，培养团结友爱、协作的集体主义的精神。

　　"追流星"作为二外附中瑞祥民族小学部的校本课程内容深受学生们的喜爱。本课教学内容安排符合六年级小学生年龄段特点，并在学生系统学习过夹包、摇包、跳包单个动作的基础上，学练"追流星"。教学设计中，始终以游戏的形式（追流星、打龙尾）贯穿全课，并采用小组竞赛的形式持续激发学生的学习兴趣。

　　本课的突出亮点为：

　　1. 教学设计及教学过程关注学生的学习兴趣，并根据学生身体素质好、活泼好动，竞争意识强的特点，通过"追流星"、打龙尾的游戏设计，发展学生的身体素质、活动能力，使学生在游戏中愉快学习，并持续保持运动兴趣。

　　2. 专项准备部分安排有助于激发学生的学习兴趣，强化学习内容，为完成本次课的教学目标奠定良好基础，如：抛接包、胯下传包、跳接包。

　　3. 教师关注学生学习效果的观察、评价、分享，并根据内容的特点设计了符合学生实际的、具体的评价标准（优秀、良好、合格），使教学目标达成可观测、有依据。

　　4. 教学方法多样、有效，循序渐进的安排和组织学习内容，在强化基本内容的基础上（单脚交替跳包、双脚跳包、单脚跳包），学生2人一组配合跳、6人一组合作跳、8人一组的合作跳，教学效果好。

　　5. 器械使用合理，体现"一物多用"，同时运用废旧物品自制器械，有效利用资源。

建议：

1. 水平三："主体性合作教学法"（参与、合作、创新）的课题名称不够规范，应具体明确表述。

2. 建议教学设计中附教学内容的单元教学计划。

3. 教学重点的定位不够准确，本节课更重要的是学生间的配合、步调一致的协作和集体主义精神的培养。

4. 难点应是学生通过学习成功越过障碍的合作策略。

5. 教学设计及教案的语言表述还须严谨。

李　健

2016 年 4 月 15 日

161